U0945912

江泽民同志题写书名：

中国加入世界贸易组织知识读本

中国加入世界贸易组织知识读本

（一）

世界贸易组织基本知识

石广生 主编

人民出版社

责任编辑:姜 玮

图书在版编目(CIP)数据

世界贸易组织基本知识/石广生 主编. -北京:人民出版社,2011.11
(中国加入世界贸易组织知识读本)
ISBN 978-7-01-010193-4

Ⅰ.①世… Ⅱ.①石… Ⅲ.①世界贸易组织-基本知识 Ⅳ.①F743

中国版本图书馆 CIP 数据核字(2011)第 170105 号

世界贸易组织基本知识
SHIJIE MAOYI ZUZHI JIBEN ZHISHI

石广生 主编

人民出版社 出版发行
(100706 北京朝阳门内大街 166 号)

北京中科印刷有限公司印刷 新华书店经销

2011 年 11 月第 1 版 2011 年 11 月北京第 1 次印刷
开本:710 毫米×1000 毫米 1/16 印张:13.75
字数:232 千字

ISBN 978-7-01-010193-4 定价:29.00 元

邮购地址 100706 北京朝阳门内大街 166 号
人民东方图书销售中心 电话 (010)65250042 65289539

《中国加入世界贸易组织知识读本》

编　委　会

序　言

我国加入世界贸易组织，是党中央、国务院面向新世纪作出的一项重大抉择，对扩大开放、深化改革和推进现代化建设事业，必将产生广泛而深远的影响。

加入世界贸易组织后，我国在享受权利的同时，也要恪守世界贸易组织基本规则和各项协定、协议，切实履行对外承诺，承担相应的义务。江泽民总书记明确指示："要向大型企业，要向各行各业解释清楚什么是世界贸易组织，入世到底有什么利弊，以便在全国上下对这样一个重大外交政治问题统一认识。"因此，加强对世界贸易组织基本知识的学习，是十分紧迫和必要的。

认真学习和掌握世界贸易组织基本知识，是适应经济全球化发展趋势，提高我国参与国际竞争能力的需要；是完善社会主义市场经济体制，促进我国经济持续快速健康发展的需要；是培养和造就开放型人才，使各行各业更好地理解和执行国家有关法规及政策的需要。

在学习世界贸易组织基本知识过程中，我认为：一是要客观看待世界贸易组织的作用和职能，既要看到它的积极作用，也要看到它的局限性；二是要妥善处理遵守通行的国际规则和发展国内产业的关系，把扩大开放和自身发展有机结合起来，逐步增强我国经济参与国际竞争的能力；三是要注重学习的方式方法，根据不同工作或行业的具体需要，有针对性地进行学习、思考和应用。

我们编写《中国加入世界贸易组织知识读本》这套丛书，目的就是为全社会普及世界贸易组织知识提供准确、通俗、简明的学习工具书，以及开展培训的基本教材。希望读者通过阅读本书，能够较快熟悉世界贸易组织基本知识，并在实践中掌握运用，为我国改革开放和现代化建设事业作出新的贡献。

石广生

2001年11月

目　录

第一章　从关税与贸易总协定到世界贸易组织

世界贸易组织的前身是关税与贸易总协定。了解关税与贸易总协定，是了解世界贸易组织及其基本规则的基础。

第一节　关税与贸易总协定

一、关税与贸易总协定的形成

（一）国际贸易组织的筹备

1929 年，资本主义世界爆发了规模空前的经济危机。为了转嫁生产过剩、企业倒闭和工人失业的危机，主要资本主义国家纷纷实行贸易保护主义措施，美国国会于 1930 年通过了《1930 年关税法》，又称《斯穆特——霍利关税法》，将关税提高到历史最高水平，其他国家也纷纷效仿，引发关税战和贸易战，最终导致国际贸易的崩溃。

为缓解国内经济危机和恢复国外市场，美国国会于 1934 年通过了《1930 年关税法修正案》，通常称为《互惠贸易协定法》，授权美国总统进行关税和贸易谈判，美国据此与 31 国签订了双边贸易协定，大幅降低关税，并根据最惠国待遇原则，将减让结果适用于其他国家，对缓解经济危机起到了重要作用。《互惠贸易协定法》成为日后谈判《关税与贸易总协定》的基础。

在第二次世界大战期间，美国即提出了建立国际贸易组织的设想，拟将这一组织与国际货币基金组织和国际复兴开发银行共同构成第二次世界大战后世界经济三大支柱。

1945 年 12 月，美国和英国联合提出了召开世界贸易与就业会议的提案，同时提议各贸易国之间开展谈判以降低贸易壁垒。1946年2月18日，在伦敦召开的联合国经济与社会理事会第一次会议通过决议，批准了美国关于召开国际贸易与就业会议的提案，任命澳大利亚、比利时、卢森堡、巴西、加拿大、智利、中国、古巴、捷克斯洛伐克、法国、印度、黎巴嫩、荷兰、新西兰、挪威、南非、苏联、英国和美国19国组成会议筹备委员会，筹备委员会的主要任务是达成关于实现和保持高水平稳定就业和经济活动的协定、关于影响国际贸易的管理、限制和歧视的协定，关于限制性商业惯例的协定及关于政府间商品安排的协定，最后一项任务是建立一个作为联合国专门机构的国际贸易组织。

1946年10月15日至11月26日，筹备委员会第一次会议在伦敦举行，与会代表对美国提交的宪章草案进行了讨论，形成了《联合国国际贸易组织宪章草案》。会议决定筹备委员会第二次会议于1947年4月在日内瓦召开，会议还任命了起草委员会，负责对宪章草案进行修改完善，提交第二次会议讨论。

1947年1月20日至2月25日，起草委员会在美国纽约联合国总部对宪章草案进行了修改完善。筹备委员会第二会议于1947年4月10日至10月30日在日内瓦举行，继续讨论宪章草案。

1947年11月21日至1948年3月24日，联合国贸易与就业会议在古巴首都哈瓦那举行，会议最终审议通过了《哈瓦那国际贸易组织宪章》，与会56国中的53个国家签署了包含这一宪章的最后文件。

（二）关税与贸易总协定的形成

在联合国贸易与就业会议筹备委员会第一次会议期间，美国邀请筹备委员会成员国就降低关税和非关税壁垒问题进行谈判，各成员接受了邀请。筹备委员会因此作出决议，建议这一谈判在筹备委员会主持下进行，并作为筹备委员会第二次会议的组成部分。

1947年年初，起草委员会在修改完善宪章草案的同时，还起草了《关税与贸易总协定》文本，这一文本主要取自宪章中的贸易规则部分，作为一份工作文件提交筹备委员会第二次会议讨论。

在筹备委员会第二次会议召开的同时，各成员国之间开始进行关税减让谈判。参加谈判的23个国家共达成123份双边协议，最终形成了20份减让表，涵盖45000余项关税减让，涉及贸易额约100亿美元，这些减让表成为关贸总协定的组成部分。此轮谈判后被称为第一轮多边贸易谈判。

这些国家于1947年10月30日签署了包含《关税与贸易总协定》文本和各国减让表的《关税与贸易总协定最后文件》，比利时、加拿大、卢森堡、荷兰、英国和美国还同时签署了《关税与贸易总协定临时适用议定书》，决定自1948年1月1日起临时适用总协定。参加谈判的其他国家后来也陆续签署了这一议定书。因此，澳大利亚、比利时、巴西、缅甸、加拿大、锡兰（现斯里兰卡）、智利、中国、古巴、捷克斯洛伐克、法国、印度、黎巴嫩、卢森堡、荷兰、新西兰、挪威、巴基斯坦、南罗德西亚（现津巴布韦）、叙利亚、南非、英国和美国23个国家成为总协定的创始缔约国。

但是，国际贸易组织并没有像预想的那样顺利建立，1950年，美国政府宣布不再寻求国会批准《哈瓦那国际贸易组织宪章》，国际贸易组织最终未能建立，关贸总协定因此一直以临时适用的形式存在下来，直至1995年1月1日WTO成立，共存续47年。截至1994年年底，关贸总协定共有128个缔约方。

二、关税与贸易总协定主持的前七轮多边贸易谈判

1947年至1994年，关贸总协定共主持了八轮多边贸易谈判，缔约方的关税水平大幅度下降，非关税措施受到约束。第八轮多边贸易谈判（乌拉圭回合），将在本章第二节专门介绍。

（一）第一轮多边贸易谈判

1947年4月至10月，关税与贸易总协定第一轮多边贸易谈判在瑞士日内瓦举行。下调关税的承诺是第一轮多边贸易谈判的主要成果。23个缔约方相互完成了123场谈判，达成了20份减让表纳入关税与贸易总协定。这些在双边基础上达成的关税减让，无条件地、自动地适用于全体缔约方。本回合谈判采用选择性的产品对产品的谈判方式，共涉及45000项关税减让，涵盖的贸易额达100亿美元，使关税水平平均降低20%。

这轮谈判依照关税与贸易总协定的规则，就众多商品达成较大幅度的关税减让协议，促进了战后资本主义国家经济贸易的恢复和发展。这轮谈判虽然在关税与贸易总协定草签和生效之前举行，但人们仍习惯视其为关税与贸易总协定第一轮多边贸易谈判。

（二）第二轮多边贸易谈判

1949 年 4 月至 8 月，关税与贸易总协定第二轮多边贸易谈判在法国安纳西举行。这轮谈判的目的是，给处于创始阶段的欧洲经济合作组织成员提供进入多边贸易体制的机会，促使这些国家为承担各成员之间的关税减让作出努力。这轮谈判除在原 23 个缔约方之间进行外，又与丹麦、多米尼加、芬兰、希腊、海地、意大利、利比里亚、尼加拉瓜、瑞典和乌拉圭 10 个国家进行了加入谈判。这轮谈判继续采用选择性的产品对产品的谈判方式，涉及的关税减让约 5000 项，关税削减幅度仅为 2%。

（三）第三轮多边贸易谈判

1950 年 9 月至 1951 年 4 月，关税与贸易总协定第三轮多边贸易谈判在英国托奎举行。这轮谈判的一个重要议题是，讨论奥地利、联邦德国、韩国、秘鲁、菲律宾、土耳其和乌拉圭的加入问题。由于缔约方增加，关税与贸易总协定缔约方之间的贸易额已超过当时世界贸易总额的 80%。在关税减让方面，美国与英联邦国家（主要指英国、澳大利亚和新西兰）谈判进展缓慢。英联邦国家不愿在美国未作出对等减让条件下，放弃彼此间的贸易优惠，使美国与英国、澳大利亚和新西兰未能达成关税减让协议。这轮谈判采用选择性的产品对产品的谈判方式，涉及 8700 项关税减让协议，关税削减幅度约为 3%。

（四）第四轮多边贸易谈判

1956 年 1 月至 5 月，关税与贸易总协定第四轮多边贸易谈判在瑞士日内瓦举行。美国国会认为，美国在前几轮的关税减让幅度明显大于其他缔约方，因此对美国政府代表团的谈判权限进行了限制。在这轮谈判中，美国对进口只给予了 9 亿美元的关税减让，而其所享受的关税减让约 4 亿美元。英国的关税减让幅度较大。本回合虽然确定了关税谈判可以通过缔约方接受的多边程序进行，但后来谈判仍继续采用选择性的产品对产品方式。这轮谈判涵盖贸易额达 25 亿美元，关税平均水平仅降低 2.5%。值得注意的是，日本在该回合中加入了关税与贸易总协定。

（五）第五轮多边贸易谈判

1960 年 9 月至 1962 年 7 月，关税与贸易总协定第五轮多边贸易谈判在日内瓦举行，共有 45 个参加方。这轮谈判由美国副国务卿道格拉斯·狄龙倡议，后称为狄龙回合。谈判分两个阶段：前一阶段从 1960 年 9 月至 12 月，着重就欧洲共同体建立所引出的关税同盟等问题，与有关缔约方进行谈判。后一阶段于1961年1月开始，关税与贸易总协定缔约方就相互间进一步削减关税进行谈判。这轮谈判延续了选择性的产品对产品的谈判方式，涵盖贸易额达49亿美元，关税水平平均降低4%，但农产品和一些敏感性商品被排除在协议之外。

（六）第六轮多边贸易谈判

1964年5月至1967年6月，关税与贸易总协定第六轮多边贸易谈判在日内瓦举行，共有62个缔约方参加。这轮谈判又称肯尼迪回合。美国提出缔约方各自减让关税50%的建议，而欧洲共同体则提出“削平”方案，即高关税缔约方多减，低关税缔约方少减，以缩小关税水平差距。这轮谈判涉及贸易额400亿美元，关税水平平均降低35%。从1968年起的五年内，美国工业品关税水平平均降低了37%，欧洲共同体关税水平平均降低了35%。

这轮谈判首次涉及非关税壁垒。《关税与贸易总协定》第6条规定了倾销的定义、征收反倾销税的条件和幅度，但各国为保护本国产业，滥用反倾销措施的情况时有发生。这轮谈判中，美国、英国、日本等21个缔约方签署了第一个实施关税与贸易总协定第6条有关反倾销的协议，该协议于1968年7月1日生效。

为使发展中国家承担与其经济发展水平相适应的义务，在这轮谈判期间，《关税与贸易总协定》中新增“贸易与发展”条款，规定了对发展中缔约方的特殊优惠待遇，明确发达缔约方不应期望发展中缔约方作出对等的减让承诺。这轮谈判还吸收波兰参加，开创了“中央计划经济国家”参加关税与贸易总协定的先例。

（七）第七轮多边贸易谈判

1973年9月至1979年11月，关税与贸易总协定第七轮多边贸易谈判在日内瓦举行。因启动这轮谈判的贸易部长会议在日本东京举行，故称东京回合。东京回合共有73个缔约方和29个非缔约方参加。

启动这轮谈判的背景是，肯尼迪回合结束后，总体关税水平大幅度下降，但非关税贸易壁垒明显增多。其主要表现在：第一，发达缔约方对从发展中缔约方进口的一些重要工业品，仍维持高关税。第二，产品加工程度越深，关税税率越高，深加工产品的有效保护率大大高于名义关税税率。第三，农产品贸易中非关税壁垒增多，进一步提高了贸易保护程度。而在以往的多轮谈判中，农产品一直被排除在一般降税商品范围之外。第四，非关税措施不断增加，发展中国家纺织品出口受到更严的歧视性配额限制，对多边贸易体系构成威胁。

这轮谈判历时 5 年多，取得的主要成果有：

（1）开始实行公式削减关税的方式，关税越高减让幅度越大。本轮谈判使用瑞士公式削减工业品关税，关税削减幅度为 33%，而农产品关税谈判继续沿用了逐税目的谈判方法。这轮谈判最终关税减让和约束涉及 3000 多亿美元贸易额。

（2）产生了只对签字方生效的一系列非关税措施协定（通常称为东京回合守则），包括《补贴与反补贴措施协定》、《技术性贸易壁垒协定》、《进口许可程序协定》、《政府采购协定》、《海关估价协定》、《反倾销协定》、《国际牛肉协定》、《国际奶制品协定》、《民用航空器贸易协定》等。

（3）通过了对发展中缔约方的授权条款，允许发达缔约方给予发展中缔约方普遍优惠制待遇，发展中缔约方可以在实施非关税措施协议方面享有差别和优惠待遇，发展中缔约方之间可以签订区域性或全球性贸易协议，相互减免关税，减少或取消非关税措施，而不必将给予非协议参加方这种待遇。

（八）乌拉圭回合谈判

1986 年 9 月至 1994 年 4 月，关税与贸易总协定第八轮多边贸易谈判在日内瓦举行。因启动这轮谈判的贸易部长会议在乌拉圭埃斯特角城举行，故称乌拉圭回合。谈判分货物贸易谈判和服务贸易谈判两个阶段进行，但谈判最终结果是作为一揽子方式接受的。

乌拉圭回合是关税与贸易总协定主持的参与方最多、议题范围最广和成果最为显著的谈判回合：一是进一步降低了工业品产品的关税；二是将农业贸易政策改革纳入多边贸易体制，发达成员和发展中成员在农产品关税约束、国内补贴削减、削减出口补贴等方面作出承诺；三是扩大了多边贸易体制范围，将纺织品、服务、投资和知识产权也纳入，并达成了一系列协定；四是建立了贸易审议机制，强化了争端解决机制的作用；五是创建了世界贸易组织。

关税与贸易总协定前 8 轮谈判的有关情况，如表 1－1 所示。

表 1-1　GATT 贸易回合

谈判回合	谈判时间	谈判地点	参加方	涉及议题	关税减让幅度（%）	影响贸易额（亿美元）
日内瓦回合	1947 年 4 月至 10 月	瑞士日内瓦	23	关税	20	100
安纳西回合	1949 年 4 月至 8 月	法国安纳西	33	关税	2	—
托奎回合	1950 年 9 月至 1951 年 4 月	英国托奎	38	关税	3	—
日内瓦回合	1956 年 1 月至 5 月	瑞士日内瓦	26	关税	2.5	25
狄龙回合	1960 年 9 月至 1962 年 7 月	瑞士日内瓦	26	关税	4	49
肯尼迪回合	1964 年 5 月至 1967 年 6 月	瑞士日内瓦	62	关税 反倾销	35	400
东京回合	1973 年 9 月至 1979 年 11 月	瑞士日内瓦	102	关税、非关税措施	33	3000
乌拉圭回合	1986 年 9 月至 1994 年 4 月	瑞士日内瓦	123	关税、非关税措施、规则、争端解决、知识产权、纺织品、农业	38	37000

第二节 乌拉圭回合与世界贸易组织的建立

一、乌拉圭回合

关税与贸易总协定第八轮多边贸易谈判，从 1986 年 9 月启动到 1994 年 4 月签署最后文件，历时 8 年。因发动这轮谈判的部长级缔约国大会在乌拉圭埃斯特角城举行，故称乌拉圭回合。参加这轮谈判的国家最初为 103 个，到 1993 年年底谈判结束时有 123 个。

（一）乌拉圭回合启动的背景、目标和主要议题

进入 20 世纪 80 年代，以政府补贴、双边数量限制、市场瓜分等非关税措施为特征的贸易保护主义重新抬头，80 年代初世界贸易额下降。为了遏制贸易保护主义，避免全面的贸易战发生，力争建立一个更加开放、持久的多边贸易体制，美国、欧洲共同体、日本等共同倡导发起了这轮多边贸易谈判。1986 年 9 月，各缔约方贸易部长在乌拉圭埃斯特角城举行会议，经过激烈争论，最终同意启动谈判。

在启动乌拉圭回合的部长宣言中，明确了谈判的主要目标：一是通过减少或取消关税、数量限制和其他非关税措施，改善市场准入条件，进一步扩大世界贸易；二是完善多边贸易体制，将更大范围的世界贸易置于统一的、有效的多边规则之下；三是强化多边贸易体制对国际经济环境变化的适应能力；四是促进国际合作，增强关税与贸易总协定与有关国际组织的联系，加强贸易政策和其他经济政策之间的协调。

乌拉圭回合的谈判内容包括传统议题和新议题。传统议题包括关税、非关税措施、热带产品、自然资源产品、纺织品服装、农产品、保障条款、补贴和反补贴措施、争端解决等。新议题包括服务贸易、与贸易有关的投资措施、与贸易有关的知识产权等。

（二）乌拉圭回合主要成果

乌拉圭回合经过 8 年谈判，取得了一系列重要谈判成果：多边贸易体制的法律框架更加明确，争端解决机制更加有效与可靠；进一步降低关税，达成内容更广泛的货物贸易市场开放协定，改善了市场准入条件；就服务贸易和与贸易有关的知识产权达成协议；在农产品和纺织品服装贸易方面，加强了多边纪律约束；成立世界贸易组织，取代关税与贸易总协定。

1. 货物贸易

乌拉圭回合有关货物贸易谈判的内容，包括关税减让谈判和规则制定谈判。

（1）关税减让。发达成员承诺总体关税削减幅度在37%左右，对工业品的关税削减幅度达40%，加权平均税率从6.3%降至3.8%。发达成员承诺关税减让的税号占其全部税号的93%，涉及约84%的贸易额。其中，承诺减让到零关税的税号占全部关税税号的比例，由乌拉圭回合前的21%提高到32%，涉及的贸易额从20%上升至44%；税率在15%以上的高峰税率占全部关税税号的比例，由23%下降为12%，涉及贸易额约5%，主要是纺织品和鞋类等。从关税约束范围看，发达成员承诺关税约束的税号占其全部税号的比例，由78%提高到99%，涉及的贸易额由94%提高到99%。

发展中成员承诺总体关税削减幅度在24%左右。工业品的关税削减水平低于发达成员，加权平均税率由20.5%降至14.4%；约束关税税号比例由21%上升为73%，涉及的贸易额由13%提高到61%。乌拉圭回合后，大部分发展中成员扩大了约束关税的范围，如印度、韩国、印度尼西亚、马来西亚、泰国等约束关税的比例在90%左右。

关于削减关税的实施期，工业品从1995年1月1日起5年内结束，农产品关税削减从1995年1月1日开始，发达成员的实施期为6年，发展中成员的实施期一般为10年，也有部分发展中成员承诺6年的实施期。无论发达成员还是发展中成员，均全面约束了农产品关税，并承诺进一步减让。

（2）规则制定。乌拉圭回合制定的贸易规则可以大致分为五组：

第一组是《1994年关税与贸易总协定》，包括《1947年关税与贸易总协定》、1995年1月1日以前根据《1947年关税与贸易总协定》作出的有关豁免、加入等决定、乌拉圭回合中就有关条款达成的6个谅解以及《1994年关税与贸易总协定马拉喀什议定书》。

第二组是两项具体部门协定，即《农业协定》和《纺织品与服装协定》。

第三组是有关标准和检验的协定，即《技术性贸易壁垒协定》、《实施卫生与植物卫生措施协定》。

第四组是有关非关税措施的协定，即《海关估价协定》、《装运前检验协定》、《原产地规则协定》、《进口许可程序协定》及《与贸易有关的投资措施协定》。

第五组是有关贸易救济措施的协定，即《保障措施协定》、《反倾销协定》及《补贴与反补贴措施协定》。

2. 服务贸易

乌拉圭回合之前，关税与贸易总协定谈判只涉及货物贸易领域。随着服务贸易不断扩大，服务贸易在国际贸易中的重要性日益增强，但许多国家在服务贸易领域采取了不少保护措施，制约了国际服务贸易的发展。为推动服务贸易的自由化，在乌拉圭回合中，发达国家提出，将服务业市场准入问题作为谈判的重点。经过谈判，最终达成《服务贸易总协定》。

《服务贸易总协定》将服务贸易提供方式分为跨境交付、境外消费、商业存在、自然人流动四种形式。《服务贸易总协定》包括最惠国待遇、透明度原则、市场准入、国民待遇、国际收支限制、一般例外、安全例外、逐步自由化承诺等内容。《服务贸易总协定》还承认发达成员和发展中成员之间服务业发展水平的差距，允许发展中成员在开放服务业方面享有更多灵活性。

与货物贸易中的关税减让表相类似，各成员关于开放服务贸易市场的具体承诺列入各自的服务贸易具体承诺减让表，成为世界贸易组织协定的组成部分。

3. 在与贸易有关的知识产权方面

知识产权是一种无形资产，包括专利权、商标权、版权和商业秘密等。随着世界经济的发展，国际贸易范围的不断扩大，以及技术开发的突飞猛进，知识产权与国际经济贸易的关系日益密切，但已有的国际知识产权保护制度缺乏强制性和争端解决机制，对知识产权未能实行有效保护。在发达国家强烈要求下，关税与贸易总协定将与贸易有关的知识产权纳入了乌拉圭回合的谈判之中。

乌拉圭回合达成了《与贸易有关的知识产权协定》。该协定明确了知识产权国际法律保护的目标；扩大知识产权保护范围，加强相关的保护措施，强化了对仿冒和盗版的防止与处罚；强调限制垄断和防止不正当竞争行为，减少对国际贸易的扭曲和阻碍；作出了对发展中国家提供特殊待遇的过渡期安排；规定了与贸易有关的知识产权机构的职责，以及与其他国际知识产权组织之间的合作事宜。

二、世界贸易组织的建立

（一）建立世界贸易组织的背景

1986 年乌拉圭回合启动时，谈判议题没有涉及建立世界贸易组织问题，只设立了一个关于完善关税与贸易总协定体制职能的谈判小组。在新议题的谈判中，涉及到服务贸易和与贸易有关的知识产权等非货物贸易问题。这些重大议题的谈判成果，很难在关税与贸易总协定的框架内付诸实施，创立一个正式的国际贸易组织的必要性日益凸显。因此，欧洲共同体于 1990 年年初首先提出建立一个多边贸易组织的倡议，得到美国、加拿大等国的支持。

1990 年 12 月，布鲁塞尔贸易部长会议同意就建立多边贸易组织进行协商。经过一年的紧张谈判，1991 年 12 月形成了一份关于建立多边贸易组织协定的草案。时任关税与贸易总协定总干事阿瑟·邓克尔将该草案和其他议题的案文汇总，形成“邓克尔案文”。这一案文成为进一步谈判的基础。1993 年 12 月，根据美国的动议，把“多边贸易组织”改为“世界贸易组织”。

1994 年 4 月 15 日，乌拉圭回合参加方在摩洛哥马拉喀什签署了《马拉喀什建立世界贸易组织协定》，简称《建立世界贸易组织协定》。为建立世界贸易组织提供了法律基础，乌拉圭回合中达成的其他协定均作为这一协定的附件，适用于全体成员（诸边协定除外）。

（二）世界贸易组织的宗旨和职能

世界贸易组织继承关税与贸易总协定的宗旨，并增加了扩大服务的生产与贸易，以及可持续发展的目标等内容。世界贸易组织的职能主要包括：

1. 负责多边贸易协定的实施、管理和运作，促进世界贸易组织目标的实现，同时为诸边贸易协定的实施、管理和运作提供框架。

2. 为各成员就多边贸易关系进行谈判和贸易部长会议提供场所，并提供实施谈判结果的框架。

3. 通过争端解决机制，解决成员之间的贸易争端。

4. 运用贸易政策审议机制，定期审议成员的贸易政策及其对多边贸易体制运行所产生的影响。

5. 通过与其他国际经济组织，即国际货币基金组织、世界银行及其附属机构等的合作和政策协调，实现全球经济决策的更大一致性。

6. 对发展中国家和最不发达国家提供技术援助及培训。

（三）世界贸易组织和关税与贸易总协定的关系

1. 世界贸易组织和关税与贸易总协定的联系

世界贸易组织和关税与贸易总协定有着内在的历史继承性。世界贸易组织继承了关税与贸易总协定的合理内核，包括其宗旨、职能、基本原则及规则等。关税与贸易总协定有关条款，是世界贸易组织《1994 年关税与贸易总协定》的重要组成部分，仍然是规范各成员间货物贸易关系的准则。

2. 世界贸易组织和关税与贸易总协定的区别

（1）机构性质。关税与贸易总协定以“临时适用”的多边贸易协定形式存在，不具有法人地位；世界贸易组织是一个具有法人地位的国际组织。

（2）管辖范围。关税与贸易总协定只处理货物贸易问题；世界贸易组织不仅要处理货物贸易问题，还要处理服务贸易和与贸易有关的知识产权问题，其协调与监督的范围远大于关税与贸易总协定。世界贸易组织和国际货币基金组织、世界银行成为维护世界经济运行的三大支柱。

（3）争端解决。关税与贸易总协定的争端解决机制，遵循协商一致的原则，对争端解决没有规定时间表；世界贸易组织的争端解决机制，采用反向协商一致的原则，裁决具有自动执行的效力，同时明确了争端解决和裁决实施的时间表。因此，世界贸易组织争端裁决的实施更容易得到保证，争端解决机制的效率更高。

第二章　世界贸易组织的基本原则

世界贸易组织的基本原则贯穿于世界贸易组织各项协定之中，构成了多边贸易体制的基础。这些基本原则是非歧视原则、透明度原则、自由贸易原则和公平竞争原则。其中，非歧视原则包括最惠国待遇原则和国民待遇原则。

第一节　最惠国待遇原则

最惠国待遇原则要求一成员平等对待其他成员，在成员之间实行非歧视待遇。

一、最惠国待遇的含义

最惠国待遇是指，一成员将在货物贸易、服务贸易和知识产权领域给予其他任何国家（无论是否是世界贸易组织成员）的优惠待遇，立即和无条件地给予其他成员。

在国际贸易中，最惠国待遇的实质是保证市场竞争机会均等。它最初是双边协定中的一项规定，要求协定一方保证把给予其他任何国家的贸易优惠（如低关税或其他特权），同时给予协定另一方。关税与贸易总协定将双边协定中的最惠国待遇作为基本原则纳入多边贸易体制，适用于缔约方之间的货物贸易，乌拉圭回合将该原则延伸至服务贸易领域和知识产权领域。

二、最惠国待遇原则的具体体现

（一）货物贸易领域的最惠国待遇原则

在货物贸易领域，成员给予任何其他国家产品的关税优惠，或其他与产品贸易有关的利益优惠、特权或豁免，均应立即和无条件地给予其他成员的同类产品。

该原则的适用对象是同类产品，但其适用范围不仅是产品的关税税率，还适用于：

1. 与进出口有关的任何费用；
2. 征收关税和其他费用的方法；
3. 与进出口有关的规章手法；
4. 国内税和其他国内费用；
5. 有关影响产品销售、运输、分销或使用的法律、法规和规定。

（二）服务贸易的最惠国待遇原则

在服务贸易领域，成员给予任何其他国家的服务或服务提供者的优惠，应立即和无条件地给予任何其他成员的相同服务或服务提供者。

该原则既适用于服务，也适用于服务提供者；既适用于中央政府采取的影响服务贸易的措施，也适用于地方政府采取的影响服务贸易的措施。不管成员是否就某个具体的服务部门作出承诺，最惠国待遇原则仍适用于该部门。

但是，服务贸易领域的最惠国待遇原则有其独特之处。允许各成员在作出最初承诺时，将不符合最惠国待遇原则的措施列入最惠国待遇豁免清单，附在各自承诺表之后。但这种例外不应超过 10 年。若一成员日后要求增加新的不符合最惠国待遇原则的措施，则需要得到世界贸易组织至少四分之三成员的同意。

（三）知识产权领域的最惠国待遇原则

在知识产权领域，成员给予任何其他国家的国民有关知识产权保护的任何利益、优惠、特权或豁免，应立即和无条件地给予来自任何其他成员的国民。

三、最惠国待遇原则的例外

最惠国待遇原则的例外主要有三种情形：一是以关税同盟和自由贸易区等形式出现的区域贸易安排，在这些区域内部实行的是一种比最惠国待遇还加优惠的“优惠制”，区域外的世界贸易组织成员无权享受；二是对发展中成员实行的特殊和差别待遇（如普遍优惠制）；三是在知识产权领域，允许成员就一般司法协助国际协定中享有的权利等方面保留一些例外。

（一）区域贸易安排

区域贸易安排可以分为双边形式和区域形式。双边形式，如美国和以色列签订的自由贸易协定；区域形式，如北美自由贸易区。世界贸易组织成员可达成此类区域经济一体化安排，对相互间的货物贸易或服务贸易实质上取消所有限制，而区域外的世界贸易组织成员则不能享受这些优惠。当然，区域内成员，不能对区域外成员设立高于其参加一体化安排之前的贸易限制水平。

（二）发展中成员的特殊和差别待遇

随着更多的发展中国家参加关税与贸易总协定，最惠国待遇原则面临越来越大的挑战。在关税与贸易总协定中，发展中缔约方虽然形式上享受了与发达缔约方平等的最惠国待遇，但由于竞争力相差悬殊，其产品仍难以进入发达缔约方市场，同时还要承担与其经济发展水平不相适应的义务，结果导致发展中缔约方和发达缔约方实质上不平等。

为解决上述问题，缔约方于1955年修改了《1947年关税与贸易总协定》第18条“政府对经济发展的援助”，放宽了对发展中缔约方的要求，允许发展中缔约方因国际收支原因或为建立特定工业而实施贸易限制，第一次引入了对发展中缔约方的特殊和差别待遇。

1965年，缔约方在《1947年关税与贸易总协定》中增加了“贸易与发展”部分，呼吁发达缔约方努力改善对发展中缔约方有特殊出口利益产品的市场准入条件，并在贸易谈判中不期望发展中缔约方作出对等的减让。但这部分条款是“最佳努力”条款，不具有法律约束力。

为完善这部分规定，1979年，东京回合通过了《关于发展中国家差别和更优惠待遇、互惠和更充分参与的决定》，一般称为“授权条款”。根据授权条款，发达国家可以通过制定“普遍优惠制方案”，对发展中国家出口的制成品、半制成品和某些初级产品，提供普遍的、非互惠的、比最惠国待遇更为优惠的关税待遇；发展中国家之间可以订立区域性或全球性贸易协定，相互给予关税优惠，或取消非关税措施；发展中国家在履行多边贸易谈判达成的非关税措施协定方面，可享受差别和更为优惠的待遇。

发展中成员的特殊和差别待遇在乌拉圭回合各项协定中都得到了不同程度的体现。例如，在知识产权领域，发展中成员可享有更长的过渡期；在服务贸易领域，发展中成员可以根据本国服务业的发展情况，确定在多大范围和多大程度上开放其服务市场等。

（三）知识产权领域的例外

在知识产权领域，成员给予任何其他国家的知识产权所有者和持有者的下述一些权利，可不适用最惠国待遇原则，即可不给予世界贸易组织其他成员的知识产权所有者和持有者。

1. 在一般司法协助的国际协定中享有的权利；

2.《与贸易有关的知识产权协定》未作规定的有关表演者、录音制品制作者和广播组织的权利；

3. 在世界贸易组织正式运行前已生效的国际知识产权保护公约中规定的权利。

第二节　国民待遇原则

国民待遇原则要求一成员平等对待外国和本国的产品或服务，在出口成员和进口成员之间实行非歧视待遇。

一、国民待遇的含义

国民待遇是指，对给予其他成员的产品、服务或服务提供者及知识产权所有者和持有者的待遇，不得低于给予本国同类产品、服务或服务提供者及知识产权所有者和持有者的待遇。

国民待遇原则包含三个要点：

1. 国民待遇原则适用的对象是产品、服务或服务提供者及知识产权所有者和持有者，但因产品、服务和知识产权领域具体受惠对象不同，国民待遇条款的适用范围、具体规则和重要性有所不同。

2. 国民待遇原则只涉及其他成员的产品、服务或服务提供者及知识产权所有者和持有者在进口成员关税领土内所享受的待遇。

3. 国民待遇定义中“不得低于”一词的含义是指，其他成员的产品、服务或服务提供者及知识产权所有者和持有者，应与进口成员同类产品、相同服务或服务提供者及知识产权所有者和持有者享有同等或更优惠的待遇，而进口成员给予前者更优惠的待遇，并不违背国民待遇原则，并无“超国民待遇”的概念。

二、货物贸易领域的国民待遇原则

国民待遇原则的核心要求是，国内税和其他国内费用、影响产品的国内销售、购买、运输、分销的法律、法规和规定以及国内数量法规，不得为国内生产提供保护而对进口产品或国产品适用，主要包含以下内容：

1. 不对进口产品征收超出对本国同类产品所征收的国内税或其他国内费用。下列做法违反国民待遇原则：

（1）对进口产品征收某种国内税（如消费税），而不对同类国产品征收；或者在征收某种国内税时，对进口产品适用的税率高于本国同类产品；

（2）对购买国产品者提供退税或免税，而对购买进口同类产品者无此待遇。

2. 在影响产品国内销售、购买、运输、分销或使用的所有法律、法规和规定方面，进口产品所享受的待遇不得低于本国同类产品。

下列做法违反国民待遇原则：

（1）进口产品进入本国市场时必须通过某种检验或测试，而对本国同类产品无此规定；

（2）销售进口产品必须使用特定的批发、零售渠道或特定的运输、仓储方式，而对本同类产品无此限制；

3. 不能制定强制要求生产者必须使用特定数量或比例的国产品的国内数量法规。这方面违反国民待遇的例子有：要求国内香烟制造商必须使用一定比例的国产烟叶，或要求国内生产黄油的厂家必须使用一定比例的国产天然黄油。

这里的“国内生产”一词，不仅指国内同类产品，也包括与进口产品直接竞争或可替代进口产品的国内产品。对“同类产品”和“直接竞争或可替代产品”的含义，历来有许多争论。世界贸易组织争端解决专家组通常的做法是具体情况具体分析，一般要考虑产品的物理特征、在特定市场上的最终用途、消费者的偏好和习惯，以及产品的性能、性质和质量等因素。

在货物贸易领域，国民待遇原则是普遍适用的，但也有某些例外。

第一个例外是政府采购。未参加《政府采购协定》的成员政府在为自用或公共目的采购货物时，可以“优先”购买本国产品，但参加了《政府采购协定》的成员需要遵守该协定所规定的国民待遇原则。

第二个例外是只给予某种产品的国内生产者的补贴。这种补贴包括用国内税费收入，或通过政府购买国产品向国内生产者提供的补贴。

三、服务贸易领域的国民待遇原则

在服务贸易领域，成员给予外国服务或服务提供者的待遇不得低于给予本国服务或服务提供者的待遇，但以该成员在服务贸易承诺表中所列的条款或条件为限，并且在成员没有作出开放承诺的服务部门，外国服务或服务提供者不享受国民待遇。

1. 国民待遇原则适用的对象既有服务，也有服务提供者，包括外商投资企业。

2. 国民待遇原则适用的范围是成员政府（包括中央政府和地方政府）所采取的与提供服务有关的各项措施。

3. 给予外国服务或服务提供者国民待遇，以成员在服务贸易承诺表中所承诺的国民待遇为限，对成员没有作出开放承诺的服务部门，不适用国民待遇原则。因此，在服务贸易领域，与最惠国待遇不同，国民待遇不是世界贸易组织成员承担的“普遍义务”，而是成员通过谈判确定的，且对不同服务部门有不同的规定。

四、知识产权领域的国民待遇原则

在知识产权保护方领域，成员给予其他成员国民的待遇不得低于给予本国国民的待遇，但以该成员在现行国际知识产权协定中承担的义务为限。对表演者、录音制品制作者和广播组织而言，国民待遇仅适用于《与贸易有关的知识产权协定》所规定的权利。

1. 国民待遇适用的对象包括享有版权、专利、商标、地理标识、工业设计、集成电路外观设计以及未披露信息等知识产权的所有者和持有者。

2. 国民待遇适用的范围是成员所采取的知识产权保护措施，包括法律、法规、政策和措施等。

3. 成员给予其他成员国民在知识产权保护方面的国民待遇，以该成员在现行国际知识产权公约（包括《巴黎公约》、《伯尔尼公约》、《罗马公约》和《关于集成电路的知识产权条约》）中所承担的义务为限。

4. 对于《与贸易有关的知识产权协定》未作规定的表演者、录音制品制作者和广播组织享有的其他权利，可不适用国民待遇原则。

在知识产权领域，国民待遇原则处于比最惠国待遇原则更重要的位置。与《1994 年关税与贸易总协定》和《服务贸易总协定》不同的是，《与贸易有关的知识产权协定》将国民待遇条款放在最惠国待遇条款之前，因为实施国际知识产权保护条约的实践表明，对知识产权最有效的国际保护手段是国民待遇，其次才是最惠国待遇。

第三节　透明度原则

为保证贸易环境的稳定性和可预见性，世界贸易组织除了要求成员遵守有关市场开放等具体承诺外，还要求成员的各项贸易措施，包括有关法律、法规及司法判决和行政裁定等保持透明。

一、透明度原则的含义

透明度原则是指，成员应公布所制定和实施的贸易措施及其变化情况（如修改、增补或废除等），不公布的不得实施，同时还应将这些贸易措施及其变化情况通知世界贸易组织。成员所参加的有关影响国际贸易政策的国际协定，也在公布和通知之列。

二、贸易措施的公布

公布有关贸易措施是世界贸易组织成员最基本的义务之一。如果不公布有关贸易措施，成员就很难保证提供稳定的、可预见的贸易环境，其他成员就难以监督其履行世界贸易组织义务的情况，世界贸易组织一系列协定也难以得到充分、有效的实施。

公布的具体内容包括以下方面：产品的海关归类和海关估价；对产品征收的关税税率、国内税税率和其他费用；对产品进出口所设立的禁止或限制等措施；对进出口支付转账所设立的禁止或限制等措施；影响进出口产品的销售、分销、运输、保险、仓储检验、展览、加工、与国产品混合使用或其他用途的要求；有关服务贸易的法律、法规、政策和措施；有关知识产权的法律、法规、司法判决和行政裁定，以及与世界贸易组织成员签署的其他影响国际贸易政策的协定等。

关于公布的时间，世界贸易组织规定，成员应迅速公布有关贸易的法律、法规、措施、司法判决和行政裁定，使世界贸易组织其他成员和贸易商及时知晓。在公布之前不得提前采取措施，如提高进口产品的关税税率或其他费用；对进口产品或进口产品的支付转账实施新的限制或禁止措施等。《技术性贸易壁垒协定》和《实施卫生与植物卫生措施协定》还要求，在起草有关技术法规和合格评定程序过程中，如果该有关法规和程序与现行国际标准不一致，或没有现行的国际标准，并且将对国际贸易产生重大影响，成员应留出一段合理的时间（45 天至 60 天），以便其他成员就有关法规和程序草案发表意见。

世界贸易组织不要求成员披露可能会导致影响法律执行，或违背公共利益，或损害某些企业合法商业利益的机密信息。例如，一国汇率、利率的调整在实施之前，可以不予公布。

三、贸易措施的通知

世界贸易组织对成员需要通知的事项和程序做了规定，以保证其他成员能够及时获得有关成员在贸易措施方面的信息。

世界贸易组织关于通知的规定是在实践中不断完善的。关税与贸易总协定建立时就明确，缔约方应公布有关贸易措施的所有信息，但当时并没有要求把这些信息通知关税与贸易总协定，只是要求通知由国营贸易企业经营的进出口产品清单和缔约方决定参加某个关税同盟或自由贸易区的意向等少数事项。东京回合结束后，关税与贸易总协定的管辖范围扩展到了非关税领域，缔约方的义务变得更加广泛和具体。东京回合通过的《关于通知、磋商、争端解决和监督的谅解》，要求缔约方最大可能地通知所采取的贸易措施。关税与贸易总协定还建立了专门的委员会进行监督，要求东京回合守则的每个签署方定期向关税与贸易总协定通知有关贸易措施的制定、实施和变化情况。

乌拉圭回合的谈判结果则进一步强化了世界贸易组织成员承担的通知义务，通知的范围从货物贸易领域扩大到服务贸易和知识产权领域。《关于通知程序的决定》作为乌拉圭回合一揽子协议的一部分，重申了上述谅解中规定的通知义务，成立了由世界贸易组织秘书处负责的通知登记中心，负责记录收到的所有通知，向成员提供有关通知内容，并提醒成员履行通知义务。

为了指导成员履行通知义务，《关于通知程序的决定》附件列出了一份例示性清单，包含需要通知的 19 项具体措施和有关多边贸易协定规定的其他任何措施。这 19 项主要是影响货物贸易的措施，基本上涵盖了所有货物贸易协定规定的通知内容，它们是：关税；关税配额和附加税；数量限制；许可程序和掺配要求等其他非关税措施，以及征收差价税的情况；海关估价；原产地规则；政府采购；技术性贸易壁垒；保障措施；反倾销措施；反补贴措施；出口税；出口补贴、免税和优惠性出口融资；自由贸易区；出口限制，其他政府援助（包括补贴和免税）；国营贸易企业的作用；与进出口有关的外汇管制；政府授权进行的补偿贸易。

为便于成员履行通知义务，世界贸易组织相继制定了100多项有关通知的具体程序与规则，包括通知的项目、通知的内容、通知的期限、通知的格式等。

各项协定对通知的期限作出了不同的规定，有的要求不定期通知，有的要求定期通知。

不定期通知主要适用于法律、法规、政策、措施的更新，如《技术性贸易壁垒协定》要求，只要成员国内通过了新的技术法规和合格评定程序，就要立即通知。

定期通知包括两种情况。一种是一次性通知，如《装运前检验协定》要求，在《建立世界贸易组织协定》对有关成员生效时，一次性通知其国内有关装运前检验的法律和法规；《海关估价协定》要求，发展中成员如要推迟实施该协定，加入时就应通知其意向。另一种是多次通知，有的要求半年通知一次，大部分则要求每年通知一次，如《农业协定》要求，成员应每年通知对国内生产者提供的补贴总量。

成员还可进行“反向通知”，监督有关成员履行其义务。反向通知是指，其他成员可以将某成员理应通知而没有通知的措施，通知世界贸易组织。

世界贸易组织规则允许成员不予公布的信息，同样也不要求成员通知世界贸易组织。

此外，为提高成员贸易政策的透明度，世界贸易组织要求，所有成员的贸易政策都要定期接受审议。这已成为世界贸易组织的一种机制，即贸易政策审议机制。贸易政策审议的内容，一般为世界贸易组织成员最新的贸易政策，它可从一个侧面反映出接受审议成员履行世界贸易组织义务的情况。

第四节　自由贸易原则

世界贸易组织倡导并致力于推动贸易自由化，要求成员取消不必要的贸易障碍，开放市场，为货物和服务在国际间的流动提供便利。

一、自由贸易原则的含义

在世界贸易组织框架下，自由贸易原则是指通过多边贸易谈判，实质性削减关税和减少其他贸易壁垒，扩大成员之间的货物贸易和服务贸易。

自由贸易原则包含五个要点：

1. 以共同规则为基础。成员根据世界贸易组织协定实行贸易自由化。

2. 以多边谈判为手段。成员通过参加多边贸易谈判，并根据在谈判中作出的承诺，逐步推进贸易自由化。货物贸易方面体现在逐步削减关税和减少非关税贸易壁垒，服务贸易方面则体现在不断增加开放的服务部门，减少对服务提供方式的限制。

3. 以争端解决为保障。世界贸易组织的争端解决机制具有强制性，如某成员被诉违反承诺，并经争端解决机制裁决败诉，该成员就应执行有关裁决，否则，世界贸易组织可以授权起诉方采取贸易报复措施。

4. 以贸易救济措施为“安全阀”。成员可通过援用有关例外条款或采取保障措施等贸易救济措施，消除或减轻贸易自由化带来的负面影响。

5. 以过渡期方式体现差别待遇。世界贸易组织承认不同成员之间经济发展水平的差异，通常允许发展中成员履行义务有更长的过渡期。

二、削减关税

关税透明度高，容易衡量，但对进出口商品价格有直接影响，特别是高关税，是制约货物在国际间自由流动的重要壁垒。因此，世界贸易组织在允许成员使用关税手段的同时，要求成员逐渐下调关税水平并加以约束，以不断推动贸易自由化进程。“关税约束”是指成员承诺把进口商品的关税限定在某一水平，不再提高。如一成员因实际困难需要提高关税约束水平，须同其他成员再行谈判，给予适当补偿。

在前七轮多边贸易谈判的基础上，乌拉圭回合达成长达约 23000 页的成员关税减让表，大幅度降低了关税水平，扩大了关税约束范围。

三、减少非关税贸易壁垒

非关税贸易壁垒通常是指除关税以外各种限制贸易的措施。随着关税水平不断下降，非关税贸易壁垒逐渐增多，且形式不断变化，隐蔽性强，成为国际贸易发展的主要障碍。世界贸易组织就一些可能限制贸易的措施制定了专门协定，以规范成员的相关行为，减少非关税贸易壁垒，不断推动全球贸易自由化进程。

1. 为使技术法规和检验检疫措施不对贸易构成不必要的障碍，《技术性贸易壁垒协定》和《实施卫生与植物卫生措施协定》规定，成员应尽量以国际标准为依据确定检验和检疫标准。

2. 为防止海关任意估价，《海关估价协定》规定，海关应主要依据货物的实际成交价格来估价。如海关对进口商申报的成交价有疑问，可按该协定规定的顺序采用其他估价方法。

3. 为避免成员的进口许可程序影响贸易的正常运行，《进口许可程序协定》对成员的进口许可程序进行了规范。

4. 为使原产地规则不对国际贸易构成不必要的障碍，《原产地规则协定》规范了成员确定原产地的标准，强调应当建立公正、透明、可预见、可操作和统一的原产地规则。

5. 为防止投资措施对贸易产生限制作用，《与贸易有关的投资措施协定》禁止成员采取当地含量要求、贸易平衡要求等投资措施。

四、扩大服务贸易的市场准入

国际服务贸易的迅速发展，客观上要求各国相互开放服务领域。但各国为了保护本国服务业，对服务业的对外开放采取了诸多限制措施。包括限制服务提供者数量，限制服务交易或资产总值，限制服务业务总数或服务产出总量，限制特定服务部门或服务提供者的雇用人数，要求通过特定类型的法律实体提供服务，限制外国资本投资总额或参与比例，以及国民待遇限制等。

这些限制影响服务业的公平竞争、服务质量的提高和服务领域的资源有效配置，不仅对服务贸易本身，而且对货物贸易乃至世界经济发展都构成了不利影响。

《服务贸易总协定》要求，成员为其他成员的服务产品和服务提供者提供更多的投资与经营机会，分阶段逐步开放商务、金融、电信、分销、旅游、教育、运输、医疗保健、建筑、环境、娱乐等服务领域。在乌拉圭回合的谈判中，成员就服务领域开放作出了承诺，其中发达成员承诺开放的部门占所有服务部门的64%，经济转型成员占52%，发展中成员占16%。成员还承诺，将就服务部门的贸易自由化继续谈判。世界贸易组织建立以后，成员先后在电信服务和金融服务方面达成了进一步开放的协定，推进了这两个领域的贸易自由化。

第五节 公平竞争原则

世界贸易组织是建立在市场经济基础上的多边贸易体制。公平竞争是市场经济顺利运行的重要保障，公平竞争原则体现在世界贸易组织的各项协定之中。

一、公平竞争原则的含义

在世界贸易组织框架下，公平竞争原则是指成员应避免采取扭曲市场竞争的措施，纠正不公平贸易行为，在货物贸易、服务贸易和与贸易有关的知识产权领域，创造和维护公开、公平、公正的市场环境。

公平竞争原则包含三个要点：

1. 公平竞争原则体现在货物贸易领域、服务贸易领域和与贸易有关的知识产权领域。

2. 公平竞争原则既涉及成员的政府行为，也涉及成员的企业行为。

3. 公平竞争原则要求成员保持产品、服务或服务提供者在本国市场的公平竞争，不论他们来自本国还是其他任何成员。

二、货物贸易领域的公平竞争原则

《1994 年关税与贸易总协定》始终遵循公平竞争原则。为减少关税给外国产品带来不利的竞争影响，要求成员逐步降低进口关税并加以约束；为使外国产品与本国产品处于平等的竞争地位，要求成员取消数量限制，实施国民待遇；为使来自不同国家的产品公平竞争，要求成员实施最惠国待遇。即使某些产品由国营贸易企业经营，包括把经营的专有权和特权授予某些企业，这些企业的经营活动也应以价格、质量等商业因素为依据，使其他成员的企业能够充分参与竞争。

货物贸易领域的其他具体协定，如《反倾销协定》、《补贴与反补贴措施协定》、《保障措施协定》和《农业协定》等，均体现了公平竞争原则。

出口倾销和出口补贴一直被认为是典型的不公平贸易行为。倾销是企业以低于正常价值的价格出口产品，对进口方相关产业造成损害。出口补贴是政府对本国特定出口产品提供资助，人为提高产品竞争优势，使进口方同类产品处于不平等地位，对其产业造成损害。《反倾销协定》、《补贴与反补贴措施协定》允许进口成员征收反倾销税和反补贴税，抵消出口倾销和出口补贴对本国产业造成的实质损害。

同时，世界贸易组织也防止成员出于保护本国产业的目的，滥用反倾销和反补贴措施，造成公平贸易的障碍。为此，《反倾销协定》、《补贴与反补贴措施协定》对成员实施反倾销和反补贴措施，规定了严格的条件和程序，包括如何认定进口产品存在倾销或接受补贴，如何认定倾销或补贴进口产品正在对本国产业造成实质性损害，或构成实质性损害威胁，以及发起调查、收集信息、征收反倾销税或反补贴税等方面应遵循的程序。

保障措施是进口方在进口激增对本国产业造成严重损害，或构成严重损害威胁时，所采取的保护性措施。但实施保障措施，很可能会对进口产品与本国产品之间的公平竞争形成限制。为此，《保障措施协定》对成员实施保障措施的条件和程序作出了严格规定，禁止采取有序销售安排和自愿出口限制等“灰色区域措施”。

《农业协定》提出，农产品贸易的目标是建立一个公平的、以市场为导向的农产品贸易体制。实现这一目标的手段是，在议定的期限内，逐步对农业支持和保护进行实质性削减，以纠正和防止世界农产品市场的限制和扭曲。具体说，就是在市场准入、国内支持、出口竞争和实施检验检疫措施等方面遵守有关协定，鼓励公平竞争。

三、服务贸易领域的公平竞争原则

在服务贸易领域，世界贸易组织鼓励各成员通过相互开放服务贸易市场，逐步为外国的服务或服务提供者创造市场准入和公平竞争的机会。

为使其他成员的服务或服务提供者在本国市场上享有同等待遇，进行公平竞争，《服务贸易总协定》要求成员实施最惠国待遇，无论有关服务部门是否列入服务贸易承诺表。

为在本国市场给其他成员的服务或服务提供者创造公平竞争的环境，《服务贸易总协定》要求成员提供的国民待遇和市场准入机会，不低于服务贸易承诺表中所作的承诺。

对于本国的垄断和专营服务提供者，《服务贸易总协定》要求成员保证此类服务提供者的行为，符合最惠国待遇原则及该成员在服务贸易承诺表中的具体承诺。如果上述服务提供者直接或间接参与提供其垄断和专营权之外的服务，且有关成员已就该项服务作出具体承诺，《服务贸易总协定》要求成员保证服务提供者的行为，不能违背该成员的具体承诺，即不得滥用其垄断地位。这一规定与《1994 年关税与贸易总协定》中有关国营贸易的规定类似。

为防止服务提供者的某些商业惯例抑制竞争，限制服务贸易，《服务贸易总协定》要求成员在其他成员的请求下举行磋商，交流信息，以最终取消这些商业惯例。

四、知识产权领域的公平竞争原则

在知识产权领域，公平竞争原则主要体现为对知识产权的有效保护和反不正当竞争。

《与贸易有关的知识产权协定》要求成员加强对知识产权的有效保护，防止含有知识产权的产品和品牌被仿造、假冒、盗版。无论是本国国民的知识产权，还是其他成员国民的知识产权，都应得到有效保护。

该协定还要求，为创造公平竞争的市场环境，成员应实施最惠国待遇，使来自其他不同成员的国民享受同等的知识产权保护；同时，应实施国民待遇，使来自其他成员的国民享受与本国国民同等的知识产权保护。

反不正当竞争也是知识产权保护的一个重要方面。一些限制竞争的知识产权许可活动或条件，妨碍技术的转让和传播，并对贸易产生不利影响。《与贸易有关的知识产权协定》专门对知识产权许可协定中限制竞争的行为作出了规定，允许成员采取适当措施，防止或限制以下商业做法，包括排他性返授条件、强制性一揽子许可等。

第三章　世界贸易组织

世界贸易组织是契约性的多边贸易组织，其核心是《建立世界贸易组织协定》，这一协定构成了世界贸易组织的法律框架。

第一节　法律框架和组织结构

一、法律框架

世界贸易组织的法律框架由《建立世界贸易组织协定》及其4个附件组成。附件1是货物贸易多边协定、《服务贸易总协定》和《与贸易有关的知识产权协定》，附件2是《关于争端解决规则与程序的谅解》，附件3是《贸易政策审议机制》，附件4是诸边贸易协定。

附件1、附件2和附件3作为多边贸易协定，所有成员都必须接受。附件4属于诸边贸易协定，成员可以自愿参加，仅对签署方具有约束力。

世界贸易组织的法律框架如图3－1所示。

二、组织结构

根据《建立世界贸易组织协定》的规定，世界贸易组织建立了相应的组织结构。其组织结构如图3－2所示。

（一）部长级会议

部长级会议是世界贸易组织的最高决策机构，由世界贸易组织的所有成员组成，每两年举行一次会议。部长级会议全权履行世界贸易组织的职能，并可以为此采取任何必要的行动。

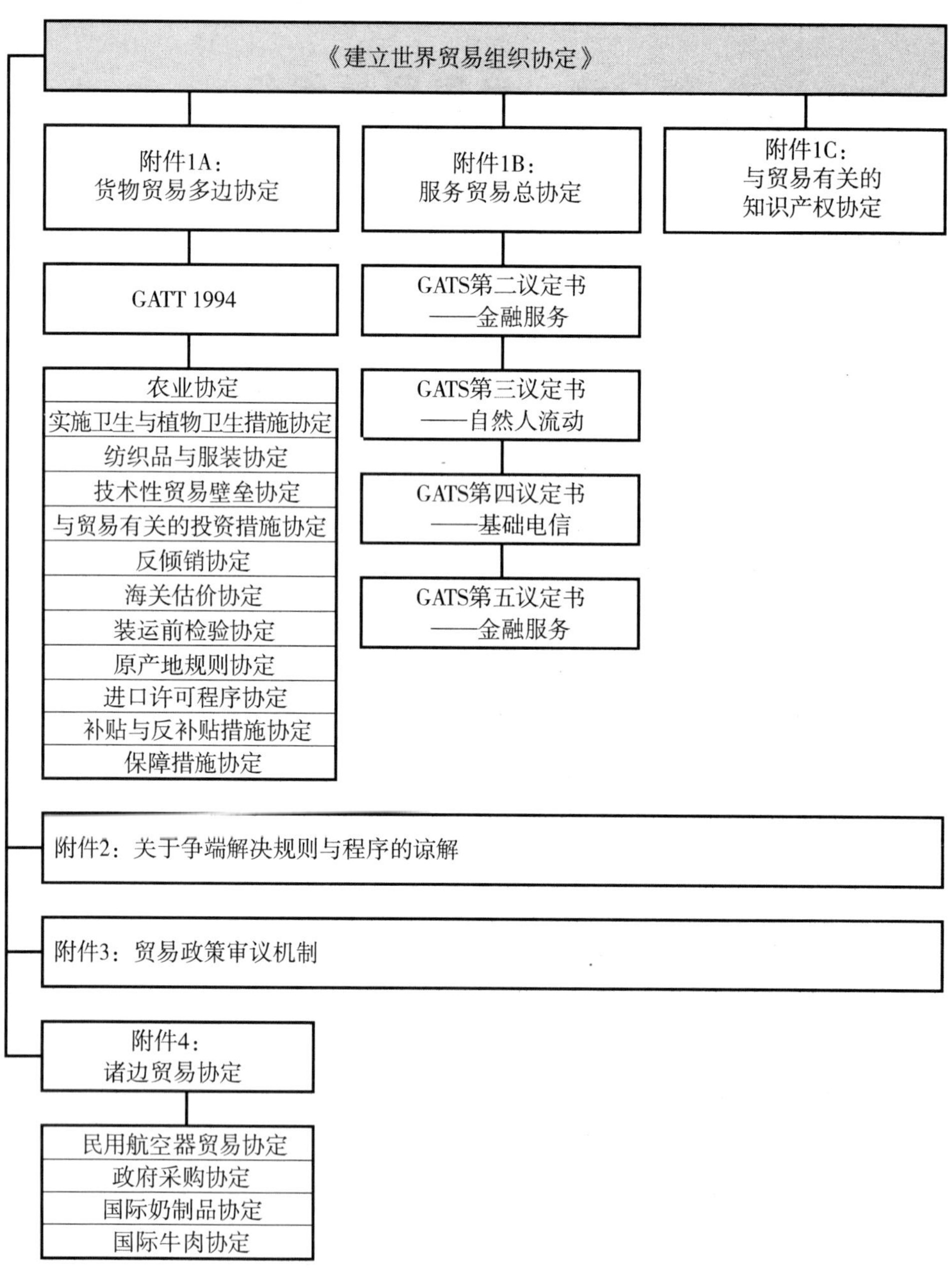

图3－1　世界贸易组织的法律框架

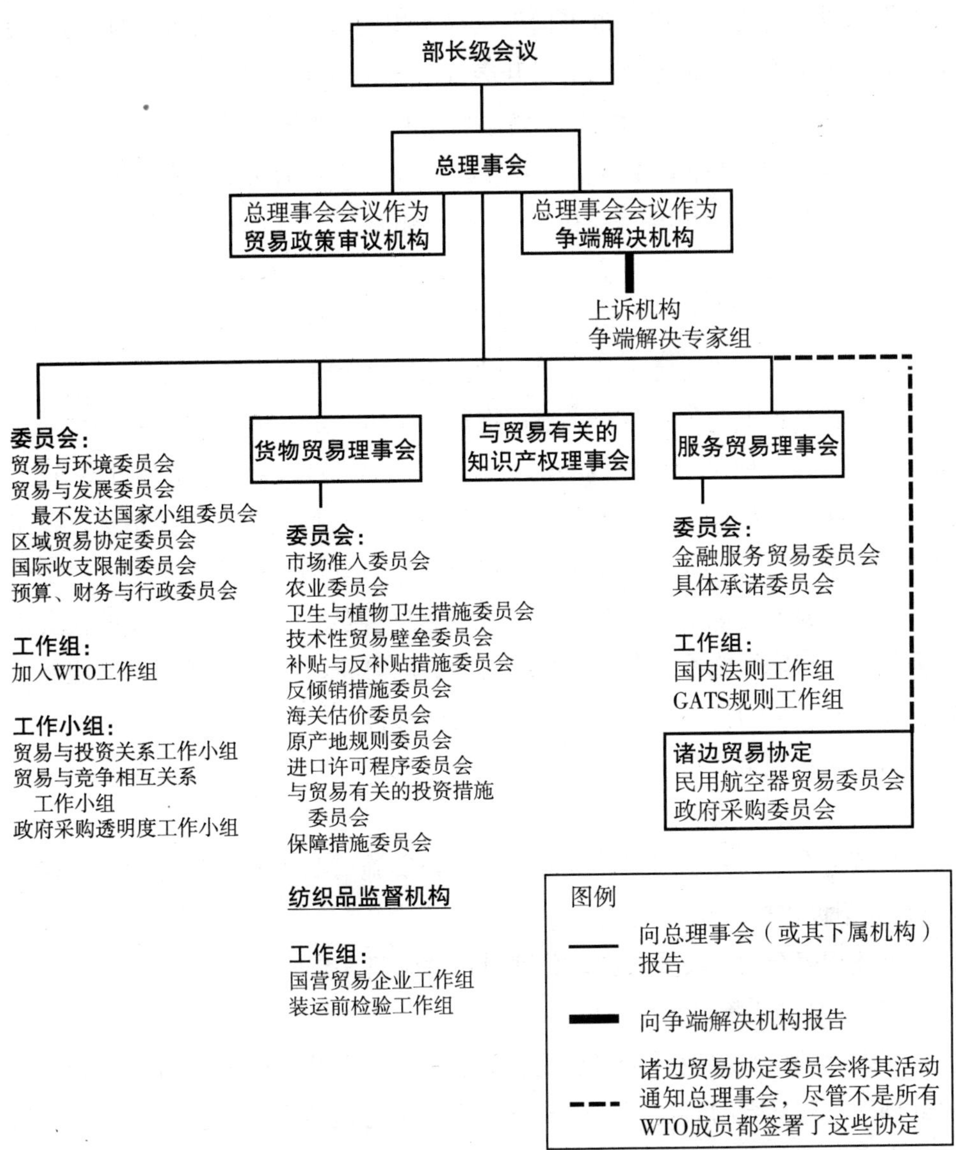

WTO 全体成员可以参加所有理事会和委员会，但上诉机构、争端解决专家组、纺织品监督机构及诸边贸易协定委员会除外。

图 3－2　WTO 组织结构图

（二）总理事会

在部长级会议闭会期间，其职能由总理事会行使。总理事会由世界贸易组织全体成员的代表组成，负责世界贸易组织的日常事务，监督和指导下设机构的各项工作。总理事会酌情召开会议，通常每年召开6次左右。总理事会还有两项具体职能，即履行争端解决机构和贸易政策审议机构的职责。

（三）货物贸易理事会、服务贸易理事会和与贸易有关的知识产权理事会

根据《建立世界贸易组织协定》，世界贸易组织在总理事会下设立货物贸易理事会、服务贸易理事会、与贸易有关的知识产权理事会（简称知识产权理事会），分别负责监督具体协定的实施。三个理事会在总理事会的指导下开展工作，行使具体协定规定的职能以及总理事会赋予的其他职能。

货物贸易理事会负责监督实施货物贸易多边协定，即《1994年关税与贸易总协定》及其他关于货物贸易的协定。货物贸易理事会下设专门委员会，包括市场准入委员会、农业委员会、实施卫生与植物卫生措施委员会、技术性贸易壁垒委员会、补贴与反补贴措施委员会、反倾销措施委员会、海关估价委员会、原产地规则委员会、进口许可程序委员会、与贸易有关的投资措施委员会、保障措施委员会以及纺织品监督机构等。（注：《纺织品与服装协定》于2005年1月1日终止后，该机构已撤销）

服务贸易理事会负责监督实施《服务贸易总协定》，下设金融服务贸易委员会和具体承诺委员会。

与贸易有关的知识产权理事会负责监督实施《与贸易有关的知识产权协定》，无下设机构。

上述理事会的下设委员会，分别向相对应理事会报告工作。

（四）各专门委员会

根据《建立世界贸易组织协定》，部长级会议可以设立专门委员会，负责处理三个理事会的共性事务以及三个理事会管辖范围以外的事务。各专门委员会向总理事会报告工作。

各专门委员会包括贸易与发展委员会（下设最不发达国家小组委员会）、贸易与环境委员会、国际收支限制委员会、区域贸易协定委员会、预算、财务与行政委员会。各专门委员会对世界贸易组织所有成员开放。

此外，根据《民用航空器贸易协定》和《政府采购协定》的规定，世界贸易组织还设立了民用航空器贸易委员会和政府采购委员会，分别负责监督

实施有关协定。

（五）其他机构

除上述常设机构外，世界贸易组织还根据需要设立了一些非常设机构，通常被称为工作组。如加入世界贸易组织工作组、服务贸易理事会下的专业服务工作组、《服务贸易总协定》规则工作组、货物贸易理事会下的国营贸易企业工作组和装运前检验工作组等。工作组的任务是研究和报告有关专门事项，并最终提交相关理事会作出决定。一些工作组还承担有关谈判的组织工作。一些工作组直接向总理事会报告工作，如加入世界贸易组织工作组。

（六）秘书处

根据《建立世界贸易组织协定》，世界贸易组织设立了由总干事领导的秘书处。总干事由部长级会议任命，部长级会议明确总干事的权利、职责、服务条件和任期；总干事任命秘书处人员并确定其职责和服务条件。总干事和秘书处工作人员独立行使所承担的职责，不得寻求或接受世界贸易组织之外任何政府或其他权力机关的指示。

《建立世界贸易组织协定》赋予了世界贸易组织法人资格，给予世界贸易组织及其工作人员在履行职责时所必需的特权和豁免，与联合国专门机构及其工作人员享受的特权和豁免相似。

总干事负责向预算、财务与行政委员会提交世界贸易组织的年度概算和决算，该委员会审议后向总理事会提出建议，由总理事会决定是否批准。该委员会还负责起草财务条例。财务条例规定，世界贸易组织成员的会费，按每一成员贸易额在所有成员贸易总额中所占的比例分摊，分摊比例最少为0.03%。

第二节　加入和退出机制

一、创始成员

世界贸易组织创始成员必须具备两个条件。第一，在1995年1月1日《建立世界贸易组织协定》生效之日前，已经成为关税与贸易总协定缔约方，并在《建立世界贸易组织协定》生效后两年内接受该协定；第二，在货物贸易和服务贸易领域作出关税减让和具体承诺，有关关税减让和承诺表已分别附在《1994年关税与贸易总协定》和《服务贸易总协定》之后。最不发达国家成为世界贸易组织创始成员，也需具备相同的基本条件，但只需作出与其发展水平和管理能力相符的关税减让和具体承诺。

几乎所有符合条件的缔约方，都在1996年年底前成为世界贸易组织的创始成员，唯一的例外是刚果（布）到1997年3月才成为成员。

二、加入

世界贸易组织对任何申请加入的国家开放。申请加入方要成为世界贸易组织成员，必须按照同世界贸易组织成员谈判“议定”的条件加入。不同的申请加入方根据自己的经济发展水平开展有关谈判，因此他们加入世界贸易组织的条件各不相同。新成员加入世界贸易组织的条件具体体现在加入议定书及其附件和工作组报告书之中。

加入世界贸易组织的程序大体可分为四个阶段。

第一阶段：申请。

一国向世界贸易组织总干事递交申请函，表明加入世界贸易组织的意向。世界贸易组织秘书处将申请函散发全体成员，并将审议该项申请列入总理事会会议议程。

总理事会审议加入申请，经各成员通过后，设立工作组并确定工作组职权范围，所有对申请加入方感兴趣的成员均可以参加该工作组。经与申请加入方和工作组成员磋商后，任命工作组主席，这一职位通常由一成员驻世界贸易组织大使担任。

第二阶段：对外贸易制度审议。

申请加入方应向工作组提交对外贸易制度备忘录以及现行关税税则、法律、法规等有关信息，供工作组审议。审议过程中，工作组成员以书面或口头提问方式，向申请加入方澄清对外贸易制度的运行情况，并由此判断申请加入方的贸易制度与《建立世界贸易组织协定》的一致性。

第三阶段：双边市场准入谈判。

对外贸易制度审议结束后，申请加入方与有关成员开展货物贸易和服务贸易双边市场准入谈判，最终达成双边市场准入协议，提交秘书处，由此构成该申请加入方货物贸易和服务贸易表减让表的基础。

第四阶段：多边谈判。

在双边市场准入谈判基本结束后或接近尾声时，工作组开始起草加入议定书和工作组报告书。加入议定书包括申请加入方与工作组成员议定的加入条件，并附有货物贸易和服务贸易减让表。工作组报告书包括工作组讨论情况和申请加入方的具体承诺。议定书和工作组报告书中的承诺部分一经通过和接受即构成《建立世界贸易组织协定》的组成部分。

工作组最后一次正式会议通过上述文件，并形成关于同意申请加入方加入世界贸易组织的决定，提交部长级会议或总理事会审议。

部长级会议或总理事会对加入议定书、工作组报告书和决定草案进行审议，通常以协商一致方式通过，通常不经投票表决。随后，申请加入方签署议定书，经国内立法机构批准后并在规定时间内递交接受书，在世界贸易组织收到接受书之日起第 30 天，申请加入方成为世界贸易组织成员。

三、退出及互不适用

任何成员都可以退出世界贸易组织。在世界贸易组织总干事收到书面退出通知之日的 6 个月期满后，退出生效。退出应同时适用于《建立世界贸易组织协定》和其他多边贸易协定。目前，还没有成员退出。

由于政治或其他原因，一些成员不同意相互之间适用世界贸易组织协定，即互不适用。尽管世界贸易组织允许这种做法，但并不鼓励。《建立世界贸易组织协定》规定，有关成员应在自己或另一成员成为成员时明确表明互不适用的立场，方能互不适用。在关税与贸易总协定向世界贸易组织过渡时，为避免互不适用条款被用做新的贸易限制手段，任何关税与贸易总协定缔约方之间不能相互援引互不适用条款，但此前已经相互援引该条款的除外。

第三节　决策机制

世界贸易组织在进行决策时，主要遵循“协商一致”原则，尽管《世界贸易组织协定》包含关于表决的规定，但极少引用。

一、协商一致

世界贸易组织以关税与贸易总协定所遵循的决定、程序和惯例作为指导，在决策中继续沿用关税与贸易总协定所遵循的“经协商一致作出决定”的习惯做法。

关税与贸易总协定的决策惯例是，讨论一项提议或拟议中的决定时，应首先寻求协商一致。所有缔约方都表示支持，或者没有缔约方反对，即为协商一致。1995 年 11 月，世界贸易组织总理事会议定了一项有关决策规则的重要说明，强调在讨论有关义务豁免或加入请求时，总理事会应寻求以协商一致方式达成协议，只有在无法协商一致的情况下才进行投票表决。

二、投票表决

在部长级会议或总理事会表决时，每一成员拥有一票。总的原则是，部长级会议和总理事会依据成员所投票数的多数作出决定，除非《建立世界贸易组织协定》或有关多边贸易协定另有规定。

（一）关于条款解释的投票表决

部长级会议或总理事会拥有解释《建立世界贸易组织协定》和多边贸易协定的专有权。对多边贸易协定条款的解释，部长级会议或总理事会应根据监督实施协定的相应理事会的建议进行表决，并获得成员的四分之三多数支持才能通过。

（二）关于义务豁免的投票表决

按照《建立世界贸易组织协定》和多边贸易协定的规定，任何成员既享受一定的权利，也要履行相应的义务。但在特殊情况下，对某一成员应承担的某项义务，部长级会议可决定给予豁免。对成员提出的义务豁免请求，部长级会议应确定一不超过 90 天的期限进行审议。首先应按照协商一致原则作出决定；如果在确定的期限内未能协商一致，则进行投票表决，需由成员的四分之三多数通过才能作出义务豁免决定。

成员提出的义务豁免请求，如与货物贸易、服务贸易和与贸易有关的知识产权等任一多边贸易协定及其附件有关，应首先分别提交给货物贸易理事会、服务贸易理事会和知识产权理事会审议，审议期限不超过90天。审议期限结束时，相应理事会应将审议结果向部长级会议报告。

部长级会议作出的义务豁免决定有明确的适用期限。如义务豁免期限不超过1年，到期自动终止；如期限超过1年，部长级会议应在给予义务豁免后的1年内进行审议，并在此后每年审议一次，直至豁免终止。部长级会议根据年度审议情况，可延长、修改或终止该项义务豁免。

（三）关于修正案的投票表决

世界贸易组织任何成员，均可向部长级会议提出修正《建立世界贸易组织协定》和多边贸易协定条款的提案。部长级会议应在90天或确定的更长期限内，首先按照协商一致原则，作出关于将修正案提请各成员接受的决定。如在确定的期限内未能协商一致，则进行投票表决，需由成员的三分之二多数通过，才能作出关于将修正案提请各成员接受的决定。

成员的接受书应在部长级会议指定的期限内，交存世界贸易组织总干事。

对某些关键条款的修正，必须经所有成员接受方可生效。这些关键条款是：《建立世界贸易组织协定》第9条“决策”和第10条“修正”、《1994年关税与贸易总协定》第1条“最惠国待遇”和第2条“减让表”、《服务贸易总协定》第2条第1款“最惠国待遇”以及《与贸易有关的知识产权协定》第4条“最惠国待遇”。

除上述关键条款的修正外，对《建立世界贸易组织协定》、货物贸易多边协定和《与贸易有关的知识产权协定》所列其他条款的修正，如果不改变各成员的权利和义务，在成员的三分之二多数接受后，对所有成员生效；如果上述修正改变了各成员的权利和义务，在成员的三分之二多数接受后，对接受修正的成员生效，此后接受修正的成员自接受之日起生效。

对《服务贸易总协定》第四部分“逐步自由化”、第五部分“机构条款”、第六部分“最后条款”及相应附件的修正，经成员的三分之二多数接受后，对所有成员生效。

对第一部分“范围和定义”、第二部分“一般义务和纪律”、第三部分“具体承诺”及相应附件的修正，经成员的三分之二多数接受后，对接受修正的成员生效，此后接受修正的成员自接受之日起生效。

对未在部长级会议规定的期限内接受已生效修正的成员，部长级会议经成员的四分之三多数通过作出决定，任何未接受修正的成员可以退出世界贸易组织，或经部长级会议同意，仍为世界贸易组织成员。

对《与贸易有关的知识产权协定》第71条第2款关于“修正”的要求作出的修正，可由部长级会议通过，无需进一步的正式接受程序。

对《建立世界贸易组织协定》附件2《关于争端解决规则与程序的谅解》的修正，应经协商一致作出，经部长级会议批准后，对所有成员生效；对附件3《贸易政策审议机制》的修正，经部长级会议批准后，对所有成员生效；对附件4“诸边贸易协定”的修正，按诸边贸易协定中的有关规定执行。

第四节　争端解决机制

乌拉圭回合达成的《关于争端解决规则与程序的谅解》，是世界贸易组织关于争端解决的基本法律文件。与关税与贸易总协定相比，世界贸易组织的争端解决机制更具强制性和约束力。

一、形成背景

世界贸易组织争端解决机制是从关税与贸易总协定有关条款及其40多年争端解决的实践发展而来的。关税与贸易总协定关于争端解决的规定，主要体现在《1947年关税与贸易总协定》的第22条和第23条。第22条规定了缔约方之间进行磋商的权利；第23条规定了提出磋商请求的条件、多边解决争端的主要程序及授权报复等。这两条是关税与贸易总协定争端解决机制的主要规则和法律基础。

据统计，从1948年至1995年3月，关税与贸易总协定受理的争端共计195起（不包括根据东京回合守则中争端解决程序所受理的22起争端）。其中，在提交专家组调查的98起争端中，有81起通过了专家组报告。

但是，关税与贸易总协定争端解决机制存在一些严重缺陷。例如，在时间上，由于没有明确的时限规定，争端解决往往久拖不决；在程序上，由于奉行"协商一致"的原则，被专家组裁定的败诉方可借此阻止专家组报告的通过。这些问题损害了缔约方对关税与贸易总协定争端解决机制的信心，影响了多边贸易体制的稳定性。

在此背景下，乌拉圭回合将争端解决纳入谈判，达成《关于争端解决规则与程序的谅解》，建立了世界贸易组织争端解决机制。该机制适用于多边贸易体制所管辖的各个领域，并克服了旧机制的缺陷，通过迅速有效地解决成员之间的贸易争端，使多边贸易协定的遵守和执行得到更大的保障。

《关于争端解决规则与程序的谅解》包括27个条款、4个附录。世界贸易组织总理事会同时作为负责争端解决的机构，行使解决成员之间争端的职责。

二、世界贸易组织争端解决机制的特点与管辖范围

（一）世界贸易组织争端解决机制的特点

1. 鼓励成员通过双边磋商解决贸易争端

根据《关于争端解决规则与程序的谅解》的规定，争端当事方的双边磋商是争端解决的第一步，也是必经的一步。即使是争端进入专家组程序后，当事方仍可通过双边磋商解决争端。世界贸易组织鼓励争端当事方通过双边磋商达成相互满意的解决方案。当然，这种解决方案不得违反世界贸易组织的有关规定，也不得损害第三方的利益。

2. 以保证世界贸易组织规则的有效实施为优先目标

争端解决机制的目的是使争端得到积极有效的解决。争端双方可通过磋商，寻求双方均可接受并与世界贸易组织规则相一致的解决办法。在未能达成双方满意的解决办法时，争端解决机制的首要目标是确保成员撤销被认定违反世界贸易组织规则的措施。如该措施暂时未能撤销，应起诉方要求，被诉方应与之进行补偿谈判，但补偿只能作为一项临时性措施。如在规定时间内未能达成满意的补偿方案，经争端解决机构授权，起诉方可采取报复措施。

3. 严格规定争端解决的时限

迅速解决争端是世界贸易组织争端解决机制的一项重要原则，为此，争端解决程序的各个环节均有严格、明确的时间表。这既有利于及时纠正成员违反世界贸易组织规则的行为，使受害方得到及时救济，也有助于增强各成员对多边争端解决机制的信心。

4. 实行“反向协商一致”的决策原则

世界贸易组织争端解决机制引入了“反向协商一致”的决策原则。在争端解决机构审议专家组报告或上诉机构报告时，只要不是所有的参加方都反对，即视为通过，从而排除了败诉方单方面阻挠报告通过的可能性。

5. 禁止未经授权的单边报复

世界贸易组织要求，争端当事方应按照《关于争端解决规则与程序的谅解》的规定妥善解决争端，禁止采取任何单边的、未经授权的报复性措施。

6. 允许交叉报复

如果成员在某一领域的措施被裁定违反世界贸易组织规则，且该成员未在合理期限内纠正，经争端解决机构授权，利益受到损害的成员可以进行报复。

报复应优先在被裁定违反世界贸易组织规则的措施的相同部门进行，如不可行，报复可以在同一协定下其他部门进行，如仍不可行，报复可以跨协定进行。

例如，某成员对农产品进口实施数量限制的措施，违反了《1994 年关税与贸易总协定》关于普遍取消数量限制的规定，经争端解决机构授权，利益受损害的成员应优先考虑针对从该成员进口农产品进行报复；如不可行，亦可在其他产品的进口方面进行报复；如仍不可行，则可在其他任何协定或协定所辖领域进行报复。

（二）世界贸易组织争端解决机制的管辖范围

《关于争端解决规则与程序的谅解》第 1 条，对世界贸易组织争端解决机制的管辖范围作了详细规定。

1. 世界贸易组织争端解决机制适用于各成员根据世界贸易组织各项协定所提起的争端。

2. 特殊规则优先。《关于争端解决规则与程序的谅解》附录 2 列出了所有含有特殊规则和程序的协定，如《实施卫生与植物卫生措施协定》、《纺织品与服装协定》、《技术性贸易壁垒协定》、《反倾销协定》、《海关估价协定》、《补贴与反补贴措施协定》、《服务贸易总协定》及有关附件等。《关于争端解决规则与程序的谅解》并不排斥上述协定中特殊规则和程序的适用，而且在特殊规则与一般规则发生冲突时，特殊规则优先适用。

3. 对适用规则的协调。当某一争端的解决涉及多项协定，且这些协定的争端解决规则和程序存在冲突时，则争端各当事方应在专家组成立后的 20 天内，就适用的规则及程序达成一致。如不能达成一致，争端解决机构主席应与争端各方进行协商，在任一争端当事方提出请求后的 10 天内，决定应该遵循的规则及程序。争端解决机构主席在协调时应遵守“尽可能采用特殊规则和程序”的指导原则。

三、世界贸易组织争端解决的基本程序

世界贸易组织争端解决的基本程序包括磋商、专家组审理、上诉机构审理、裁决的执行及监督等。除基本程序外，在当事方自愿的基础上，也可采用仲裁、斡旋、调解和调停等方式解决争端。

（一）磋商

《关于争端解决规则与程序的谅解》规定，一成员向另一成员提出磋商

请求后，被要求方应在收到请求后的10天内作出答复。如同意举行磋商，则磋商应在接到请求后30天内开始。如果被要求方在收到请求后10天内没有作出答复，或在30天内或相互同意的其他时间内未进行磋商，则要求进行磋商的成员可以直接向争端解决机构要求设立专家组。如果在收到磋商请求之日后60天内磋商未能解决争端，要求磋商方（起诉方）可以请求设立专家组。在紧急情况下（如涉及易腐货物），各成员应在收到请求之日后10天内进行磋商。如果在收到请求之日后20天内磋商未能解决争端，则起诉方可以请求设立专家组。

要求磋商的成员应向争端解决机构、有关理事会和委员会通知其磋商请求。磋商情况应保密，且不得损害任何一方在争端解决后续程序中的权利。

如果第三方认为与拟举行的磋商有实质贸易利益，可在争端解决机构散发该磋商请求后10天内，将加入磋商的意愿通知各磋商成员和争端解决机构。若磋商成员认为该第三方要求参与磋商的理由充分，应允许其参加磋商。如加入磋商的请求被拒绝，则第三方可根据有关规定向磋商成员另行提出直接磋商请求。

（二）专家组审理争端

1. 专家组的设立和授权

（1）专家组的设立

在前述磋商未果，或经斡旋、调解和调停仍未解决争端的情况下，起诉方可以向争端解决机构提出设立专家组的请求。一旦此项请求被列入争端解决机构会议议程，专家组最迟应在这次会后的争端解决机构会议上予以设立，除非争端解决机构一致决定不设立专家组。由于世界贸易组织争端解决机制实行反向协商一致原则，争端解决机构有关会议一致反对设立专家组的可能性很小，因此专家组的设立几乎不会成为问题，这就使得关税与贸易总协定机制下专家组设立经常被拖延的问题得到解决。

如果一个以上的成员就同一事项请求设立专家组，则尽可能由一个专家组审查这些起诉。若设立一个以上专家组审查与同一事项有关的各种起诉，则各专家组应尽可能由相同人士组成，各专家组的审理进度也应进行协调。

（2）专家组的组成

专家组通常由3人组成，除非争端当事方在专家组设立之日起10天内同意设立5人专家组。专家组的成员可以是政府官员，也可以是非政府人士，但这些成员均以个人身份工作，不代表任何政府或组织，世界贸易组织成员不得对他们作指示或施加影响。为便于指定专家组成员，世界贸易组织秘书处备有一份符合资格要求的政府和非政府人士的名单。世界贸易组织成员可以定期推荐建议列入该名单的政府和非政府人士。

《关于争端解决规则与程序的谅解》第8条规定，除非争端当事方有令人信服的理由，否则不得反对秘书处向他们提出的专家组成员人选。如果自决定设立专家组之日起20天内，争端当事方仍未能就专家组的人员组成达成一致，应任一争端当事方请求，世界贸易组织总干事在与争端解决机构主席、有关理事会或委员会主席及争端各方磋商后，可以任命最合适的人选。这些规定避免了当事各方在专家组人员组成问题上出现无休止的争论。

《关于争端解决规则与程序的谅解》第8条第3款还规定，当事方和有利益关系的第三方公民不得担任与该争端有关的专家组成员（各争端当事成员另有约定的除外）。

在专家组的组成方面，世界贸易组织也考虑到了发展中国家的特殊利益。《关于争端解决规则与程序的谅解》规定，当争端发生在发展中成员与发达成员之间时，如发展中成员提出请求，相应的专家组至少应有一人来自发展中成员。

（3）专家组的职权范围

《关于争端解决规则与程序的谅解》第7条第1款，用标准格式规定了专家组的职权范围，即根据争端各方所援引协定的规定，对起诉方的请求予以审查，并提交调查报告，以协助争端解决机构提出建议或作出裁决。

在专家组成立后20天内，若争端各当事方对专家组的职权有特殊要求，争端解决机构也可授权其主席与争端各方磋商，在遵守《关于争端解决规则与程序的谅解》第7条第1款规定的前提下，确定专家组的职权。

2. 专家组的审理程序

在案件的审理过程中，专家组要调查案件的相关事实，对引起争议的措施是否违反相关协定作出客观评价，就争端的解决提出建议。

专家组一旦设立，一般应在6个月内（紧急情况下3个月内）完成全部工作，并提交最终报告。如专家组认为不能如期提交报告，则应书面通知争端解决机构、说明延误的原因和提交报告的预期时间，但最长不得超过9个月。应起诉方请求，专家组可以暂停工作，但期限不得超过12个月。如超过

12 个月，设立专家组的授权即告终止。

通常情况下，专家组首先听取争端各方陈述和答辩意见。然后，专家组将报告初稿的叙述部分（事实和理由）散发争端各方。

在专家组规定的时间内，争端各方应提交书面意见。待收到各方的书面意见后，专家组应在调查、取证的基础上完成一份中期报告，并向争端各方散发，再听取争端各方的意见和评论。中期报告的内容应包括叙述部分、调查结果和结论。争端各方可以书面要求专家组在提交最终报告前对中期报告进行审查。如有此要求，专家组应与争端各方举行进一步会谈。如专家组在规定时间内未收到争端各方对中期报告的意见，则中期报告应视为专家组的最终报告，并迅速散发各成员。

为完成最终报告，专家组有权从其认为适当的任何个人或机构获取资料和专门意见。专家组在向成员管辖的个人或机构索取资料和意见前，应通知该成员政府。对于争端中涉及的科学或技术方面的问题，专家组可以设立专家评审组，并要求其提供书面咨询报告。

如争端当事方之外的成员认为该争端与自身有实质利益关系，则在向争端解决机构作出通知后，可以以第三方身份向专家组陈述意见，并有权获得争端各方提交专家组首次会议的陈述材料。

3. 专家组报告的通过

《关于争端解决规则与程序的谅解》第 16 条规定，为使各成员有足够时间审议专家组最终报告，只有在报告散发给各成员 20 天后，争端解决机构方可考虑审议通过。对报告有反对意见的成员，应至少在召开审议报告会议 10 天前，提交供散发的书面反对理由。在最终报告散发给各成员 60 天内，除非争端当事方正式通知争端解决机构其上诉决定，或争端解决机构经协商一致决定不通过该报告，否则该报告应在争端解决机构会议上予以通过。

（三）上诉机构审理

上诉机构的设立，是世界贸易组织较之关税与贸易总协定在争端解决机制方面的又一创新，其目的是使当事方有进一步申诉案情的权利，并使世界贸易组织争端解决机制更具准确性与公正性。

1. 上诉机构的组成及职权范围

《关于争端解决规则与程序的谅解》第 17 条规定，争端解决机构设立常设上诉机构，受理对专家组最终报告的上诉。常设上诉机构由 7 人组成，通常由其中3人共同审理上诉案件。上诉机构成员由争端解决机构任命，任期4年，可连任一次。为保证上诉机构的权威性和公正性，其成员应是法律、国际贸易和世界贸易组织协定方面的公认权威，并具有广泛代表性。上诉机构成员不得从属于任何政府，也不得参与审议可能对其有直接或间接利益冲突的争端。

上诉机构只审理专家组报告所涉及的法律问题和专家组所作的法律解释。上诉机构可以维持、修改或推翻专家组的结论。

2. 上诉机构对案件的审理

上诉机构的审议，自争端一方提起上诉之日起到上诉机构散发其报告之日止，一般不得超过60天。如遇有紧急情况，上诉机构应尽可能缩短这一期限。上诉机构如认为不能在60天内提交报告，则应将延迟的原因及提交报告的预期时间书面通知争端解决机构，但最长不得超过90天。

3. 上诉机构报告的通过

争端解决机构应在上诉机构报告散发后30天内通过该报告，除非争端解决机构经协商一致决定不予通过。

（四）争端解决机构裁决的执行及其监督

专家组报告或上诉机构报告一经通过，其建议和裁决即对争端各当事方具有约束力，争端当事方应无条件接受。

1. 裁决的执行

《关于争端解决规则与程序的谅解》第21条规定，在专家组或上诉机构报告通过后30天内举行的争端解决机构会议上，有关成员应将执行争端解决机构建议和裁决的意愿通知该机构。该建议和裁决应迅速执行，如不能迅速执行，则应确定一个合理的执行期限。“合理期限”由有关成员提议，并经争端解决机构批准；如未获批准，由争端各方在建议和裁决通过后45天内协商确定期限；如经协商也无法确定，由争端各方聘请仲裁员确定。

如果被诉方的措施被认定违反了世界贸易组织的有关规则，且其未在合理期限内执行争端解决机构的建议和裁决，则被诉方应起诉方请求，必须在合理期限届满前与起诉方进行补偿谈判。补偿是指被诉方在贸易机会、市场准入等方面给予起诉方相当于其所受损失的减让。根据《关于争端解决规则与程序的谅解》第22条第1款的规定，补偿只是一种临时措施，即只有当被诉方未在合理期限内执行争端解决机构的建议和裁决时，方可采用。如果给予补偿，应与世界贸易组织有关协定一致。

2. 授权报复

如起诉方和被诉方在合理期限届满后20天内未能就补偿问题达成一致，起诉方可以要求争端解决机构授权对被诉方进行报复，即中止对被诉方承担的减让或其他义务。争端解决机构应在合理期限届满后30天内给予相应授权，除非争端解决机构经协商一致拒绝授权。根据所涉及的不同范围。被诉方可以就报复水平的适当性问题提请争端解决机构进行仲裁。

报复措施也是临时性的。只要出现以下任何一种情况，报复措施就应终止：（1）被认定违反世界贸易组织有关协定的措施已被撤销；（2）被诉方对起诉方所受的利益损害提供了解决办法；（3）争端当事各方达成了相互满意的解决办法。

3. 监督执行

争端解决机构应监督已通过的建议和裁决的执行情况。在建议和裁决通过后，任何成员都可随时向争端解决机构提出与执行有关的问题，以监督建议和裁决的执行。除非争端解决机构另有决定，在确定了执行的合理期限6个月后，争端解决机构应将建议和裁决的执行问题列入会议议程，并进行审议，直至该问题解决。在争端解决机构每一次会议召开的10天前，有关成员应向争端解决机构提交一份关于执行建议和裁决的书面报告。

四、仲裁、斡旋、调解和调停

（一）仲裁

《关于争端解决规则与程序的谅解》第25条规定，仲裁可以作为争端解决的另一种方式。如果争端当事方同意以仲裁方式解决，则可在共同指定仲裁员并议定相应的程序后，由仲裁员审理当事方提出的争端。

在世界贸易组织的争端解决机制中，仲裁可用于不同的目的和争端解决的不同阶段，如审理争端、裁定执行的合理期限、评估报复水平是否适当等。

（二）斡旋、调解和调停

斡旋是指第三方促成争端当事方开始谈判或重开谈判的行为。在整个过程中，进行斡旋的一方可以提出建议或转达争端一方的建议，但不直接参加当事方的谈判。

调解是指争端当事方将争端提交一个由若干人组成的委员会，该委员会通过查明事实，提出解决争端的建议，促成当事方达成和解。

调停是指第三方以调停者的身份主持或参加谈判，提出谈判的基础方案，调和、折衷争端当事方的分歧，促使争端当事方达成协议。

在世界贸易组织争端解决中，斡旋、调解或调停是争端当事方经协商自愿采用的方式。争端的任何一方均可随时请求进行斡旋、调解或调停。斡旋、调解或调停程序可以随时开始，随时终止。一旦终止，起诉方可以请求设立专家组。如果斡旋、调解或调停在被诉方收到磋商请求后的 60 天内已经开始，则起诉方只能在该 60 天届满后请求设立专家组。但是，如争端当事方均认为已经开始的斡旋、调解或调停不能解决争端，则起诉方可以在该 60 天内请求设立专家组。在争端进入专家组程序后，如果争端当事方同意，斡旋、调解或调停程序也可同时继续进行。当事方在斡旋、调解或调停中所持立场应予保密，且任何一方在争端解决后续程序中的权利不得受到损害。

世界贸易组织总干事可以依其职权提供斡旋、调解或调停，以协助成员解决争端。

截至 2011 年 4 月 1 日，世界贸易组织成员根据《关于争端解决规则与程序的谅解》提出的磋商请求共 424 起，其中 137 个案件仍处在磋商阶段，88 个案件已经通过磋商或其他方式解决，其余 199 起案件中，有 38 个案件正在由专家组或上诉机构进行审理，154 个案件通过了专家组报告或上诉机构报告，另有 7 个案件专家组暂停超过 12 个月，授权自动过期。

表 3－1　争端解决各阶段时间表

磋商、调解等	60 天
设立专家组并任命其成员	45 天
最终报告提交各方	6 个月
最终报告提交 WTO 各成员	3 个星期
争端解决机构通过报告（如无上诉）	60 天
总计（如无上诉）	1 年
上诉机构报告	60 天至 90 天
争端解决机构通过上诉机构报告	30 天
总计（如上诉）	1 年零 3 个月

表中争端解决程序每一阶段的大约时间为目标数字，协定对此的规定是灵活的。此外，各国可在任何阶段自行解决争端。时间总计也是估算数字。

第五节　贸易政策审议机制

贸易政策审议机制是指，世界贸易组织成员集体对各成员的贸易政策及其对多边贸易体制的影响定期进行全面审议。实施贸易政策审议机制的目的是促使成员提高贸易政策和措施的透明度，履行所做的承诺，更好地遵守世界贸易组织规则，从而保证多边贸易体制平稳运行。

一、贸易政策审议机制的产生及要点

贸易政策审议机制是1988年乌拉圭回合中期审评会议临时批准建立的，由关税与贸易总协定理事会负责实施，1989年开始运行。世界贸易组织成立后，贸易政策审议职责由世界贸易组织总理事会承担，即总理事会同时也是贸易政策审议机构。

贸易政策审议对象主要是世界贸易组织成员的贸易政策和措施，审议范围从货物贸易扩大到服务贸易和知识产权领域。贸易政策审议机制还要求对世界贸易环境的发展变化情况进行年度评议。贸易政策审议的结果不能作为启动争端解决程序的依据，也不能以此要求成员增加新的政策承诺。

贸易政策审议机构的审议有别于世界贸易组织各专门机构的审议。世界贸易组织专门机构只负责审议成员执行特定协定的情况，包括在成员提交通知的基础上，对通知涉及的具体贸易政策和措施进行审议。

二、国别审议的程序

成员接受贸易政策审议机构审议的频率取决于该成员对多边贸易体制的影响程度。确定这种影响程度的主要依据是成员在世界贸易中所占的份额。成员占世界贸易的份额越大，接受审议的次数就越多。对目前在世界贸易额中排名前四位的成员——欧洲共同体、美国、日本和中国每两年审议一次，对排在其后的16个成员每4年审议一次，对余下成员每6年审议一次，对最不发达成员的审议可以间隔更长。

贸易政策审议机构的审议程序是参照关税与贸易总协定1989年以来的做法制定的，并根据1996年世界贸易组织成员达成的谅解做了修改。

贸易政策审议是在世界贸易组织秘书处报告和接受审议成员“政策声

明”基础上进行的。世界贸易组织秘书处报告包括意见摘要、经济环境、贸易与投资政策制定机制、贸易政策与做法四部分。该报告要经过有关成员核对，但报告内容最终由秘书处负责。成员政府的“政策声明”全面阐述其实施的贸易政策和做法。

世界贸易组织秘书处在起草报告过程中，要派人与接受审议成员的相关政府部门和机构就有关问题进行讨论，也可以向制造商协会、商业协会等中介机构以及有关研究机构进行咨询。

正式审议工作由贸易政策审议机构进行，对所有成员开放，接受审议的成员派出的代表团通常为部长级。为引导讨论，从参与审议的成员中选取两位讨论人，以个人身份参加审议会议，不代表各自政府。

第一次审议会议通常由被审议成员首先发言，然后由讨论人发言，随后与会者发表意见。在第二次审议会议上，讨论主要围绕会前确定的主题进行，被审议成员就各成员提出的问题进一步作出答复；如有必要，被审议成员也可在 1 个月内作出书面补充答复。审议会议在总理事会主席作出总结后结束。主席和秘书处随即向新闻界简要通报审议情况，公布秘书处报告的意见摘要及主席总结。接受审议的成员也可以举行新闻发布会。秘书处报告、“政策声明”以及会议记录随后也将发表。

三、对世界贸易环境的评议

贸易政策审议机制要求总干事以年度报告的形式，对影响多边贸易体制的国际贸易环境变化情况进行综述。该报告列出世界贸易组织的主要活动，并指出可能影响多边贸易体制的重大政策问题。最初几次世界贸易环境评议的经验表明，这种评议提供了一个重要的机会，特别是在不举行部长级会议的年份里，使世界贸易组织成员可以对国际贸易政策和贸易环境发展趋势进行总体评估。

四、贸易政策审议机制的作用

贸易政策审议机制的作用主要体现在以下几个方面：

第一，为世界贸易组织审议各成员的贸易政策以及评估国际贸易环境的发展变化提供了场所和机会，有助于增加多边贸易体制的透明度。

第二，接受审议的成员对其贸易及相关政策进行解释和说明，有助于增进成员的相互了解，减少或避免贸易争端。

第三，各成员参与审议和评估，可以为接受审议的成员在贸易政策制定和改进方面提供一些意见或建议，有助于督促其履行作为世界贸易组织成员的义务。

第四章　1994 年关税与贸易总协定

《1994 年关税与贸易总协定》是世界贸易组织法律框架的重要组成部分，也是货物贸易多边协定的法律基础。

第一节　组成部分

一、《1994 年关税与贸易总协定》的组成

1947 年 10 月 30 日达成的《关税与贸易总协定》以及世界贸易组织成立前对该协定条款所作的修正，在乌拉圭回合一揽子协议中称为《1947 年关税与贸易总协定》。1995 年 1 月 1 日，世界贸易组织建立后，《1994 年关税与贸易总协定》取代《1947 年关税与贸易总协定》。

《1994 年关税与贸易总协定》主要由以下四部分组成：

第一，《1947 年关税与贸易总协定》各项条款，但不包括《临时适用议定书》。

第二，世界贸易组织成立前的关税减让议定书、各缔约方的加入议定书、根据《1947 年关税与贸易总协定》所给予的且仍然有效的豁免以及缔约方全体作出的其他决定。

第三，乌拉圭回合达成的《1994 年关税与贸易总协定》有关条款的谅解。具体包括：

1. 《关于解释 1994 年关税与贸易总协定第 2 条第 1 款（b）项的谅解》；
2. 《关于解释 1994 年关税与贸易总协定第 17 条的谅解》；
3. 《关于 1994 年关税与贸易总协定国际收支条款的谅解》；
4. 《关于解释 1994 年关税与贸易总协定第 24 条的谅解》；
5. 《关于豁免 1994 年关税与贸易总协定义务的谅解》；

6.《关于解释1994年关税与贸易总协定第28条的谅解》。

第四,《1994年关税与贸易总协定马拉喀什议定书》。

二、《1994年关税与贸易总协定》文本的组成

《1994年关税与贸易总协定》文本由38个条款和9个附件组成。38个条款分为四部分,第一部分(第1至2条)规定了最惠国待遇原则和关税减让表;第二部分(第3至23条)是有关国内贸易政策的规定;第三部分(第24至35条)是关于自贸区、关税谈判、减让表修改、加入和退出总协定的程序的规定,其中第29条至第35条随着世界贸易组织的成立已经失去实际意义;第四部分(第36至38条)标题为"贸易与发展",是1965年增加的,专门处理与发展中国家有关的贸易和发展问题。

文本后的9个附件按英文大写字母排序,其中附件A至H已经失去意义,仍然有效的是附件Ⅰ,其中列出了对条文的注释和补充规定。协定条款中带星号"*"处可在该附件中找到对应注释或补充规定。

表4-1　《1994年关税与贸易总协定》文本结构

条款	标题	《WTO协定》中的相关协定和谅解(仅供参考)
	序言	
	第一部分	
第1条	普遍最惠国待遇	
第2条	减让表	《关于解释1994年关税与贸易总协定第2条第1款(b)项的谅解》
	第二部分	
第3条	国内税与国内法规的国民待遇	《与贸易有关的投资措施协定》与此条相关
第4条	有关电影片的特殊规定	
第5条	过境自由	
第6条	反倾销税和反补贴税	《关于实施1994年关税与贸易总协定第6条的协定》、《补贴与反补贴措施协定》
第7条	海关估价	《关于实施1994年关税与贸易总协定第7条的协定》

条款	标题	《WTO 协定》中的相关协定和谅解（仅供参考）
第 8 条	进出口规费和手续	
第 9 条	原产地标记	《原产地规则协定》
第 10 条	贸易法规的公布和实施	
第 11 条	普遍取消数量限制	
第 12 条	为保障国际收支而实施的限制	《关于 1994 年关税与贸易总协定国际收支条款的谅解》
第 13 条	数量限制的非歧视管理	（《进口许可程序协定》与此条相关）
第 14 条	非歧视原则的例外	
第 15 条	外汇安排	
第 16 条	补贴	《补贴与反补贴措施协定》
第 17 条	国营贸易企业	《关于解释 1994 年关税与贸易总协定第 17 条的谅解》
第 18 条	政府对经济发展的援助	《关于 1994 年关税与贸易总协定国际收支条款的谅解》
第 19 条	对某些产品进口的紧急措施	《保障措施协定》
第 20 条	一般例外	《技术性贸易壁垒协定》、《实施卫生与植物卫生措施协定》
第 21 条	安全例外	
第 22 条	磋商	《关于争端解决规则与程序的谅解》
第 23 条	利益的丧失或减损	《关于争端解决规则与程序的谅解》
	第三部分	
第 24 条	适用领土—边境贸易—关税同盟和自由贸易区	《关于解释 1994 年关税与贸易总协定第 24 条的谅解》
第 25 条	缔约方的联合行动	《关于豁免 1994 年关税与贸易总协定义务的谅解》
第 26 条	接受、生效和登记	
第 27 条	减让的停止或撤销	
第 28 条	减让表的修改	《关于解释 1994 年关税与贸易总协定第 28 条的谅解》
第 28 条之二	关税谈判	

条款	标题	《WTO 协定》中的相关协定和谅解（仅供参考）
第 29 条	本协定与《哈瓦那宪章》的关系	
第 30 条	修正	
第 31 条	退出	
第 32 条	缔约方	
第 33 条	加入	
第 34 条	附件	
第 35 条	本协定在特定缔约方之间的不适用	
	第四部分 贸易与发展	
第 36 条	原则和目的	
第 37 条	承诺	
第 38 条	联合行动	

附件 A	第 1 条第 2 款（a）项所指的领土名单
附件 B	第 1 条第 2 款（b）项所指的法兰西联邦的领土名单
附件 C	第 1 条第 2 款（b）项所指的关于比利时、卢森堡和荷兰关税同盟的领土名单
附件 D	第 1 条第 2 款（b）项所指的美利坚合众国的领土名单
附件 E	第 1 条第 2 款（d）款所指的智利与邻国间优惠安排适用领土名单
附件 F	第 1 条第 2 款（d）项所指的黎巴嫩和叙利亚与邻国间优惠安排适用领土名单
附件 G	第 1 条第 4 款所指的最高优惠幅度的确定日期
附件 H	作出第 26 条所指的确定时使用的对外贸易总额的百分比份数 (根据 1949 年至 1953 年的平均数字)
附件 I	注释和补充规定

表 4－2　称谓修正对照表

《1947 年关税与贸易总协定》称谓	《1994 年关税与贸易总协定》称谓
缔约方	成员
欠发达缔约方	发展中成员
发达缔约方	发达成员
执行秘书 （1965 年 3 月 23 日后改称 关税与贸易总协定总干事）	世界贸易组织总干事
缔约方全体	全体成员

第二节 主要条款介绍

一、最惠国待遇原则（第 1 条）

第 1 条“普遍最惠国待遇”是世界贸易组织的主要基本原则之一。该条款要求，各成员在货物贸易领域给予任何国家任何产品的关税优惠，以及其他与产品贸易有关的优惠、特权或豁免，应立即和无条件地给予其他成员的同类产品。（详见本书第二章第一节）

二、国民待遇原则（第 3 条）

第 3 条“国内税与国内法规的国民待遇”是世界贸易组织的主要基本原则之一。该条款要求，在国内税或影响产品销售、购买、运输、分销或使用的法律法规方面，各成员给予进口产品的待遇，不得低于给予本国同类产品待遇。（详见本书第二章第二节）

三、透明度原则（第 10 条）

第 10 条“贸易法规的公布和实施”要求各成员迅速公布或公开其制定与实施的与货物贸易有关的法律、法规、司法判决和行政裁定及其变化情况，以统一、公正和合理方式管理上述贸易法规，并不得在措施正式公布前提高进口关税或采取进口限制。（详见本书第二章第三节）

四、关税减让条款（第 2 条、第 28 条和第 28 条之二）

第 2 条“减让表”规定，不得任意提高已经列入关税减让表的关税，也不得利用变更完税价格的审定方法或货币的折算方法达到提高关税的目的。

乌拉圭回合中达成的《关于解释 1994 年关税与贸易总协定第 2 条第 1 款（b）项的谅解》规定，自 1994 年 4 月 15 日起，在边境上对每一项进出口产品征收的关税以外的税费，应包括在各国的减让表中，并约束在这一水平，不得任意提高。

第 28 条“减让表的修改”规定，修改减让表中的约束关税需要同有关的主要成员谈判达成协议，并与有实质利害关系的成员磋商，方可修改或撤销有关减让。如谈判或磋商未能达成协议，则其他成员可撤销对该国大体相等的关税减让。

“最初谈判国“或“主要供应国”是修改减让表时需要谈判并达成协议的国家，对某一产品关税约束利益所受损失的补偿，主要是留给这些国家。最初谈判国是在双边谈判中获得约束关税的政府。主要供应国是近三年来某一产品对有关市场的出口量超过最初谈判国的国家，在市场中有“实质利益”的供应商也可提出补偿要求，但不一定为修改减让表的国家所认可，并获得进一步谈判的权利。乌拉圭回合《关于解释1994年关税与贸易总协定第28条的谅解》对这些规定作了修改，规定出口易受关税约束变化影响的WTO成员可被认为有“额外主要供应利益”，因此有谈判补偿的权利。该谅解还澄清了有关根据“第28条谈判程序”谈判中的几个技术性问题，例如当新产品受到撤销约束关税的影响时，或当不受限制的关税减让被关税配额取代时，如何确定最初谈判权等问题。

第28条之二对进行多边贸易谈判的方法作出了原则规定，谈判可在产品对产品基础上进行，或通过成员可接受的多边程序进行，谈判应考虑各成员和各产业的需要、发展中国家为经济发展而使用关税保护的需要以及财政、发展、战略和其他需要。

五、取消数量限制条款（第11条、第13条）

第11条“普遍取消数量限制”也是《关税与贸易总协定》的主要条款。该条款要求成员不得对产品的进出口设立或维持除关税、国内税及其他费用以外的禁止或限制措施，包括不能以配额、许可证等措施来限制或禁止商品的进出口。

第13条“数量限制的非歧视管理”对实行数量限制做了规定，规定应实行全球配额；如果必须实行国别配额，则配额不得由进口国单方面规定，而应由进口国和出口国共同商定；在无法实施配额的情况下，也可采取许可证限制，但许可证应尽量不对产品的进口来源作出规定，以利于实现贸易自由化。此外，该条款还专门明确条款原则尽量适用于出口限制。

六、以国际收支为由的限制条款（第12条和第18条B节）

国际收支条款允许成员方为保障国际收支平衡和对外金融地位，在发生严重国际收支困难时，临时采用提高关税或数量限制的措施，但对这些限制的实施条件及应履行的磋商程序等做了具体规定。

第12条“为保障国际收支而实施的限制”是发达国家可以援引的国际收支条款，发展中国家可以援引第18条“政府对经济发展的援助”中的B节采取国际收支限制措施。两个条款规定，在这种情况下，都可以通过限制进口产品的数量或价值来控制进口的总体水平。近年来，发达国家认识到进口附加税或类似的价格机制措施比数量限制更可取。因此，在乌拉圭回合达成了《关于1994年关税与贸易总协定国际收支条款的谅解》，其中WTO成员确认它们承诺使用价格机制措施，包括进口附加税或进口押金要求，这些措施对贸易的破坏作用最小。各成员承诺，公布逐步取消限制性进口措施的时间表，如果不能这样做，就需要提供正当理由。确认国际收支目的而所采取的限制措施，只能被用于控制进口总水平，但应将“必需品”排除在这种限制措施之外。

七、国营贸易条款（第17条）

第17条“国营贸易企业”允许成员建立或维持国营贸易企业，但应遵守非歧视原则，并履行通知义务。该条对国营贸易企业的活动有以下要求：应非歧视性地从事经营活动，只能以价格、质量、适销性、运输和其他购销条件等商业因素作为经营活动的根据，并为其他成员的企业参与上述经营活动提供充分的竞争机会；成员方应保证国营贸易企业的透明度，将从事国营贸易的企业名录通知世界贸易组织，并定期向世界贸易组织报告国营贸易企业的经营方式，以及进出口的产品与其他相关资料。

乌拉圭回合达成的《关于1994年关税与贸易总协定第17条的谅解》为“国营贸易企业”规定了一个工作定义，即“国营贸易企业”为政府或非政府企业，包括销售局，这些企业被给予了专有权、特殊权利或特权，可以通过它们的购买或销售来影响进口产品或出口产品的水平和方向。这类企业必须向WTO作出通知。

八、贸易救济措施条款（第6条、第16条、第19条）

第6条“反倾销税和反补贴税”、第16条“补贴”和第19条“对某些产品的进口的紧急措施”对成员在采取反倾销、反补贴、保障措施等方面的权利和义务做了规定。在乌拉圭回合中达成了《关于实施 1994 年关税与贸易总协定第 6 条的协定》、《补贴与反补贴措施协定》和《保障措施协定》。（详见本书第九章）

九、争端解决条款（第 22 条、第 23 条）

第 22 条“磋商”和第 23 条“利益的丧失和减损”对成员间发生贸易争端时，如何进行磋商、专家组审理、上诉机构审理、裁决的执行及监督等基本程序做了规定。乌拉圭回合中达成了《关于争端解决规定与程序的谅解》。（详见本书第三章四节）

十、关税同盟和自由贸易区条款（第 24 条）

第 24 条“适用领土—边境贸易—关税同盟和自由贸易区”中所指的关税同盟，是以单一关税领土替代两个或两个以上关税领土，相互之间取消关税和其他限制性贸易法规，对外实行统一关税和贸易法规。自由贸易区是指由两个或两个以上关税领土所组成的集团，在其内部相互取消关税和其他限制性贸易法规，但对外不实行统一的关税和贸易法规。

乌拉圭回合达成的《关于解释 1994 年关税与贸易总协定第 24 条的谅解》规定，关税同盟或自由贸易区成员，对未参加关税同盟或自由贸易区的第三方所实行的关税与其他贸易法规，总体上不得高于或严于关税同盟或自由贸易区建立之前的水平；任何成员方决定加入关税同盟或自由贸易区，以及签署有关协议，都应当及时通知世界贸易组织。

十一、对发展中成员的特殊待遇条款（第 36、37、38 条）

《1994 年关税与贸易总协定》第四部分规定，发达成员应尽最大可能采取措施，促进发展中成员出口收入持续稳定增长，推动发展中成员的贸易与经济发展。采取维持稳定、公平、有利的价格等手段，为发展中成员的初级产品进入世界市场提供更为优惠和可接受的条件；对发展中成员有特殊出口利益的加工制成品，提供优惠的市场准入机会；发达成员对发展中成员作出削减关税或取消其他贸易壁垒的承诺，不应期望得到对等的回报；对发展中成员有特殊出口利益的产品，发达成员应避免实行关税或非关税壁垒，并对产自发展中成员的未加工或已加工的初级产品，避免实行产生不利影响的财政措施；对发展中成员有现实或潜在的特殊出口利益的产品，发达成员应优先考虑降低关税和取消非关税壁垒。

以上这些要求，不是强制性的，因此这些条款也被称为“最佳努力”条款。

十二、例外条款（第20条、第21条）

第20条“一般例外”允许成员为维护公共道德、保护人类、动植物的生命和健康、保护可用竭的自然资源等对进出口实施禁止或限制措施。成员如采取一般例外措施，可不受世界贸易组织规则及该成员承诺的约束，但应遵守非歧视原则和不对贸易构成变相限制的原则。

第21条“安全例外”允许成员在战争、外交关系恶化等紧急情况下，为保护国家基本安全利益而采取必要的行动，禁止或限制进出口。

第五章　农业协定

《农业协定》属于《建立世界贸易组织协定》附件1A多边贸易协定之一，协定规定了市场准入、国内支持、出口竞争三个方面的纪律。

一、产生背景

农产品贸易作为一个特殊的领域，一直游离于关税与贸易总协定规则的有效约束之外，农业保护深深地植根于发达国家的农业政策之中，在肯尼迪回合以后的多边贸易谈判中，各方尽管试图将农产品贸易问题纳入关税与贸易总协定的管理框架，但都未能实现。由于不能对农业保护主义进行有效的约束，发达国家利用关税与贸易总协定的体制缺陷，一方面极力推行农业支持和进口限制政策，造成农产品生产过量和结构严重失衡；另一方面又为缓解库存压力，处理剩余产品，通过巨额出口补贴向国际市场大量销售农产品。这些做法导致国际农产品贸易冲突在20世纪80年代初不断升级，严重扭曲了国际农产品市场。

1986年乌拉圭回合启动时，农产品贸易问题被列为该轮谈判的中心议题之一。农业谈判主要在三大利益集团之间展开。三大利益集团是美国、欧洲共同体和凯恩斯集团（澳大利亚、加拿大、阿根廷、巴西、智利、新西兰、哥伦比亚、斐济、匈牙利、印度尼西亚、马来西亚、菲律宾、泰国和乌拉圭）。谈判的目标是，减少农业补贴和保护，建立一个公正的、以市场为导向的国际农产品贸易体系，从根本上纠正国际农产品市场中存在的扭曲现象。由于农产品贸易谈判各方利益冲突，谈判曾数度陷入破裂的边缘。经过艰苦的谈判，参加方终于达成《农业协定》。

二、主要内容

《农业协定》由21个条款和5个附件组成，包含产品范围、农产品贸易规则、给予发展中成员特殊和差别待遇等内容。

（一）产品范围

《农业协定》适用的产品范围是：

1.《商品名称及编码协调制度》第1～24章包含的产品（鱼及鱼制品除外），鱼及鱼制品（第3章全部产品及第16章部分产品）在世界贸易组织中属“非农产品”。

2. 还包括25至53章中部分产品：甘露糖醇（税号2905.43）、山梨醇（2905.44）、精油（产品税号33.01）、蛋白类物质、改性淀粉、胶（税号35.01～35.05）、整理剂（税号3809.10）、2905.44以外的山梨醇（3823.60）、生皮（税号41.01～41.03）、生毛皮（税号43.01）、生丝和废丝（税号50.01～50.03）、羊毛和动物毛（税号51.01～51.03）、原棉、废棉和已梳棉（税号52.01～52.03）、生亚麻（税号53.01）、生大麻（53.02）。

（二）农产品贸易规则

《农业协定》规定的农产品贸易规则，主要涵盖市场准入、国内支持和出口补贴三个方面。

1. 市场准入

针对许多国家利用关税及非关税壁垒限制农产品进口的情况，《农业协定》要求各成员将非关税措施转化为关税，并逐步降低，以保证一定水平的市场准入机会。

（1）非关税措施转化成普通关税，即关税化。制定相应进口关税（从量税或从价税）的依据是关税等值。某种农产品的关税等值等于该产品的国内市场平均价格减去该产品或相近产品的国际市场平均价格；某种农产品加工品的关税等值，等于农产品原料的关税等值乘以农产品原料占农产品加工品的比重。

在某种条件下，允许个别成员推迟进行关税化。

（2）约束所有农产品关税，包括关税化后的关税。

（3）从1995年开始，发达成员在6年内，发展中成员在10年内，分年度削减农产品关税。以1986～1988年关税平均水平为基础，用简单算术平均法计算，发达成员削减36%，每个关税税号至少削减15%；发展中成员削减

24%，每个关税税号至少削减 10%。

（4）以 1986～1988 年为基期，有关成员在这一期间进口必须进行关税化的农产品，如不足国内消费量的 5%，则应承诺最低数量的进口准入机会。在关税减让实施期的第一年，应承诺的最低进口准入数量为基期国内消费量的 3%，在实施期结束时应提高到 5%。如基期进口数量超过国内消费量的 5%，则应维持原有的市场准入机会。通过关税配额实施最低市场准入，配额内的进口享受较低或最低的关税，配额外的进口缴纳较高的关税。

（5）针对关税化的农产品，建立特殊保障机制。成员通过谈判获得使用该机制的权利，并在其承诺表中注明。启用该机制的前提条件是，某年度的进口量超过前 3 年进口量的平均水平（根据该成员进口量占消费量的比例确定），或者进口价格低于 1986～1988 年进口参考价格平均水平 10%。

（6）最不发达成员列入关税化及关税约束，但免于削减关税承诺。

以上是各参加方制作关税减让表时需要遵守的规定，《农业协定》并不包含以上全部内容，大部分内容包含在乌拉圭回合中一份题为《确定改革计划下具体约束承诺的模式》（MTN. GNG/MA/W/24）的文件中。

2. 国内支持

国内支持指政府对农业提供的财政补贴，《农业协定》将国内支持分为三类，分别制定了纪律，其核心是鼓励经过一段时间后，转而采用对生产和重要扭曲作用尽可能最小的措施和政策。

（1）绿箱措施。

绿箱措施是指，由政府提供的且对生产者不具有价格支持作用的政府服务计划。这些措施对农产品贸易和农业生产不会产生或仅有微小的扭曲影响，成员无须承担约束和削减义务。

绿箱措施主要包括：一般农业服务支出，如农业科研、病虫害控制、培训、推广和咨询服务、检验服务、农产品市场促销服务、农业基础设施建设等；粮食安全储备补贴；粮食援助补贴；与生产不挂钩的收入补贴；收入保险计划；自然灾害救济补贴；农业生产者退休或转业补贴；农业资源储备补贴；农业结构调整投资补贴；农业环境保护补贴；落后地区援助补贴等。

（2）黄箱措施。

黄箱措施是指，政府对农产品的直接价格干预和补贴，包括对种子、肥料、灌溉等农业投入品的补贴，对农产品营销贷款的补贴等。这些措施对农产品贸易产生扭曲作用，成员需要承担约束和削减义务。

通常用综合支持量来衡量黄箱补贴的大小。综合支持量是指，为支持农产品生产者而提供给特定农产品，或为支持广大农业生产者而提供给非特定产品的年支持水平，一般用货币单位表示。

《农业协定》规定，自1995年开始，以1986年至1988年为基准期，发达成员在6年内逐步将综合支持量削减20%，发展中成员在10年内逐步削减13%。在此期间内，每年的综合支持量不能超过所承诺的约束水平。

《农业协定》同时规定，对于未超过议定水平的国内支持，不需要削减，即“微量允许”，发达国家的微量允许水平是对某一特定农产品的给予支持是不超过该农产品产值的5%。或对于农业生产总体而言，综合支持量不超过产值的5%。发展中国家的微量允许水平为10%。

发展中成员的一些黄箱措施也被列入免予削减的范围。主要包括农业投资补贴，对低收入或资源贫乏地区生产者提供的农业投入品补贴，为鼓励生产者放弃种植麻醉作物而提供的补贴等。

（3）蓝箱措施。

蓝箱措施是指，按固定面积和产量给予的补贴（如休耕补贴），按基期生产水平的85%或85%以下给予的补贴，按固定牲畜头数给予的补贴。这些补贴与农产品限产计划有关，使用者主要为发达国家，不需要承担削减义务。

3. 出口补贴

出口补贴是对贸易产生严重扭曲作用的政策措施，《农业协定》不禁止成员对农产品出口实行补贴，但需要承担削减义务：

（1）以1986～1990年出口补贴的平均水平为基准，或在某些出口补贴已经增加的条件下，以1991～1992年的平均水平为基准，从1995年开始，每年等量削减。对出口补贴预算开支，发达成员在6年内削减36%，发展中成员在10年内削减24%；对享受补贴的农产品出口数量，发达成员在6年内削减21%，发展中成员在10年内削减14%。对于农产品加工品的出口补贴，成员只需削减预算开支。最不发达成员不需作任何削减。

（2）下列出口补贴措施受削减承诺的约束：视出口实绩而提供的直接补贴；以低于同类农产品的国内价格，将非商业性政府库存处置给出口商而形成的补贴；利用征收的农产品税，对相关农产品的出口补贴；农产品的出口营销补贴（发展中成员除外）；出口农产品的国内运费补贴（发展中成员除外）；视出口产品所含农产品情况，对所含农产品提供的补贴。

（3）成员应控制补贴的扩大，如果在基期没有对某种农产品进行出口补贴，则禁止该成员将来对这种农产品出口进行补贴。

农产品关税、国内支持、出口补贴的削减比例如表5－1所示。

表5－1　农产品关税、国内支持、出口补贴的削减比例

	发达国家（6年：1995年至2000年）	发展中国家（10年：1995年至2000年）
关税：		
——全部农产品平均削减	36%	24%
——每项产品最低削减	15%	10%
国内支持：		
——部门综合支持总量削减（基期：1986年至1988年）	20%	13%
出口补贴：		
——补贴额削减	36%	24%
——补贴量削减（基期：1986年至1990年）	21%	14%

乌拉圭回合中议定的农产品补贴和保护的削减。《农业协定》中只包含出口补贴削减的数字。

注：• 最不发达国家不需承诺削减关税或补贴；

• 关税削减的基础税率为1995年1月1日前的约束税率；对于未约束的关税，基础税率为1986年9月乌拉圭回合开始时的实施税率；

• 其他数字是用于计算各国有法律约束力的减让表的目标数字。

（三）农业委员会

世界贸易组织根据《农业协定》设立农业委员会。负责审议成员执行乌拉圭回合中所作承诺的履行情况，为成员提供讨论与执行《农业协定》任何事项的机会。

第六章　纺织品与服装协定

《纺织品与服装协定》主要目的是，在1995年1月1日至2004年12月31日的10年过渡期内，逐步取消纺织品与服装贸易限制，使长期游离于多边贸易规则之外的纺织品与服装贸易，最终纳入世界贸易组织规则框架之内，从而进一步推动贸易自由化，这一协定已于2005年1月1日终止，纺织品和服装已实现一体化。

一、产生背景

纺织品与服装贸易在世界货物贸易中占有重要的地位。长期以来，美国等发达国家对竞争力逐渐衰退的本国纺织品与服装产业实行贸易保护主义政策，对来自发展中国家的纺织品和服装进口产品数量限制措施。在他们的压力和推动之下，从1961年开始，在关税与贸易总协定范围内，先后形成了《短期棉纺织品协定》和《长期棉纺织品贸易协定》，1974年又扩大到《国际纺织品贸易协定》（又称《多种纤维协定》），并成立了专门的纺织品监督机构。该机构负责监督《多种纤维协定》的执行，解决参加方之间的争端。《多种纤维协定》一直实行到1995年1月1日世界贸易组织成立为止。

在长达20多年的时间里，发展中国家和地区与发达国家的纺织品、服装贸易就是在《多种纤维协定》规则的框架内进行的。《多种纤维协定》规定，如果进口的某一纺织或服装产品，对进口方相关产品的市场造成扰乱或扰乱威胁，进口方可以采取选择性进口数量限制，即针对特定国家实行进口配额限制。这是对关税与贸易总协定非歧视原则和禁止数量限制原则的严重背离。

随着发展中国家在关税与贸易总协定中的地位与作用不断加强，他们对发达国家纺织品与服装进口的歧视性体制表示强烈不满。1981年11月，发展中国家和地区在哥伦比亚召开协调会，发表了《波哥大宣言》，强调在未来的谈判中加强团结与合作，并首次提议将纺织品与服装贸易纳入关税与贸易总协定规则之中。在他们的努力下，关税与贸易总协定对纺织品与服装贸易问题日益关注，于1984年发表了《世界经济中的纺织品与服装》研究报告，同时专门成立了一个纺织品与服装工作组，研究和审议放宽纺织品与服装贸易限制，乃至使其纳入关税与贸易总协定框架的可能性。1984年，中国加入《多种纤维协定》，并于1990年成为纺织品监督机构的成员。1986年，发展中国家和地区在北京召开协调会，发表了《北京宣言》，进一步敦促发达国家开放纺织品与服装市场。

乌拉圭回合把纺织品与服装贸易列为谈判议题之一，并确定将纺织品与服装贸易纳入关税与贸易总协定规则的谈判目标。经过发展中国家和地区的不懈努力和坚决斗争，发达国家作出较大妥协，谈判各方最终达成《纺织品与服装协定》。该协定用以取代《多种纤维协定》，为最终取消配额限制制定了过渡性安排。

二、主要内容

《纺织品与服装协定》由9个条款和1个附件组成。主要包括适用产品范围、分阶段取消配额限制、过渡性保障措施、非法转口处理及设立纺织品监督机构等。

（一）适用产品范围

在《纺织品与服装协定》的附件中，列明了逐步取消配额限制的产品范围，包括毛条和纱、机织物、纺织制品、服装等四组，涉及《商品名称及编码协调制度》中第50～63章的全部产品和第30～49章、第64～96章的部分产品，依照海关6位数编码共约800个税号，囊括了成员根据《多种纤维协定》已实行进口数量限制的全部产品，也包括少量的非《多种纤维协定》数量限制产品。

（二）分阶段取消配额限措施

《纺织品与服装协定》要求，成员不得设立新的纺织品与服装贸易限制措施，并逐步取消已有的限制措施。这一规定通常称为“经济条款”。具体做法是，按比例逐步取消附件中所列产品的配额限制，对尚未取消限制的产品逐步扩大进口配额。

对于不符合《1994年关税与贸易总协定》规定的、《多种纤维协定》以外的限制，由成员自行决定，可以在《建立世界贸易组织协定》生效1年内取消，或者在10年过渡期内逐步取消。

1. 配额限制被逐步取消的产品

《纺织品与服装协定》第2条规定，对于其附件中所列产品，应在10年内分四个阶段取消进口数量限制。

第一阶段，1995年1月1日至1997年12月31日。成员在1995年1月1日取消配额限制的产品比例，不低于1990年该成员进口附件中所列产品总量的16%。

第二阶段，1998年1月1日至2001年12月31日。成员在1998年1月1日取消配额限制的产品比例，不低于1990年该成员进口附件中所列产品总量的17%。

第三阶段，2002年1月1日至2004年12月31日。成员在2002年1月1日取消配额限制的产品比例，不低于1990年该成员进口附件中所列产品总量的18%。

第四阶段，2005年1月1日，成员取消所有剩余产品（占1990年该成员进口附件中所列产品总量的49%）的配额限制，届时《纺织品与服装协定》自行终止。

在符合规定比例的前提下，每个成员可自主决定各步骤取消配额限制的具体产品类别，但必须包括以下四组产品：毛条和纱、机织物、纺织制品、服装。成员在各步骤取消配额限制的产品清单，应提前一年通知世界贸易组织。

2. 逐步增加配额数量

对尚未取消配额限制的产品，要逐步放宽限制，增加配额数量。具体做法是，以《多种纤维协定》达成的双边协定中的现行配额数量为基础，从1995年1月1日起，通过提高配额年增长率的方式，逐年增加配额数量。

提高配额年增率的具体步骤是：从1995年1月1日起，在《多种纤维协定》规定的年增长率基础上增加16%，作为第一阶段的年增长率；从1998年1月1日起，在第一阶段年增长率的基础上再增加25%，作为第二阶段的年增长率；从2002年1月1日起，在第二阶段年增长率的基础上又增加27%，作为第三阶段的年增长率；第四阶段于2005年1月1日完全取消配额。

对于结转（本年度剩余配额转入下年度）、类转（各个配额类别之间进行数量转移）和预借（下年度配额提前到本年度）等灵活条款的混合使用，不实行比例的限制。

表6－1　实施《纺织品与服装协定》的四个阶段

此表列出了纺织品与服装产品取消进口配额、逐步自由化和纳入 GATT 规则的时间安排，以及剩余配额增长的速度。

此例以原《多种纤维协定》通常使用的6%年增长率为基础。而实际上，根据《多种纤维协定》使用的增长率因产品不同而不同。

阶　段	纳入 GATT 规则的产品比例（包括取消任何一种配额）	剩余配额的放开速度（如1994年增长率为6%）
第一阶段：1995年1月1日至1997年12月31日	16%（最小比例，以1990年进口量为基础）	6.96%（每年）
第二阶段：1998年1月1日至2001年12月31日	17%	8.7%（每年）
第三阶段：2002年1月1日至2004年12月31日	18%	11.05%（每年）
第四阶段：2005年1月1日完全纳入 GATT，并最终取消配额，《纺织品与服装协定》废止。	49%（最大比例）	配额全部取消

《纺织品与服装协定》将逐步取消配额限制的进程，与各成员在乌拉圭回合其他领域所做的影响纺织品与服装贸易的承诺挂钩。所有成员应采取削减和约束关税，减少或取消非关税壁垒等措施，改善纺织品与服装的市场准入；在倾销和反倾销措施、补贴和反补贴措施以及知识产权保护等方面，保证实施可使纺织品与服装贸易公平、公正进行的政策；在由于总体贸易政策原因采取措施时，避免对纺织品与服装进口造成歧视。

如果任何成员认为另一成员未采取上述措施，使《纺织品与服装协定》项下的权利和义务的平衡受到破坏，该成员可向世界贸易组织的争端解决机构提出起诉。如争端解决机构裁决被诉方未遵守《纺织品与服装协定》，可以授权起诉方对被诉方原本自动享受的下一阶段配额的年增长率进行调整。

分阶段取消配额限制的情形，如表6－1所示。

（三）过渡性保障措施

过渡性保障措施是指，某项纺织品或服装的配额限制取消之前，如进口方证明该产品进口数量剧增，对国内有关产业造成严重损害或有严重损害的实际威胁，并且自单个国家的进口出现急剧和实质性增加，则可针对该出口方采取保护行动。

过渡性保障措施只允许针对尚未纳入《1994 年关税与贸易总协定》规则的产品使用，而已纳入《1994 年关税与贸易总协定》的产品应采用世界贸易组织的保障措施。

过渡性保障措施可以在双方磋商同意后采取，磋商未达成一致也可单方面采取，但均须接受纺织品监督机构的审议。进口限制水平应不低于提出磋商请求当月的前两个月之前的 12 个月的实际进口或出口水平。过渡性保障措施可以维持 3 年，不得延长，当该产品纳入《1994 年关税与贸易总协定》约束时，即自行终止。过渡性保障措施的实施时间超过一年，则随后各年的进口限制水平，应在第一年限制水平基础上每年至少增长 6%，除非向纺织品监督机构提出其他正当理由。在使用过渡性保障措施的规定时，应给予最不发达国家、小供应国、新进人市场的国家等以更优惠的待遇。

任何成员欲保留使用过渡性保障措施的权利，应在规定的时间内通知纺织品监督机构。绝大多数成员保留了这一权利，并同时提交了逐步取消纺织品与服装限制的方案。只有少数几个成员放弃了这一权利，这些成员被认定已将附件所列产品全部纳入《1994 年关税与贸易总协定》，提前实现了自由化。

（四）非法转口的处理

非法转口又称“舞弊”，是指通过转运、改道、谎报原产地或原产国、伪造文件来规避协定的规定和逃脱配额管理的做法。只要有纺织品与服装贸易的配额制度存在，就有可能出现非法转口。不仅进口方关注打击非法转口问题，出口方以及中转方也都重视并防止产生非法转口问题。在处理此类问题时，有关各方要进行磋商，并充分合作开展调查。如有足够的证据说明进口产品属非法转口，进口方在与涉及非法转口的出口方以及其他有关参与方进行磋商之后，可以采取适当行动，包括拒绝清关，如产品已经入境，则可以扣除有关出口方相应数量的配额。

《纺织品与服装协定》还规定，所有成员应在符合本国法律和程序的情况下，制定必要的法规和行政措施来处理并打击非法转口行为。

（五）纺织品监督机构

世界贸易组织专门设立纺织品监督机构，发挥调解和准司法的作用。该机构是一个常设机构，由1名独立主席和10名成员组成。成员的组成应具有广泛的代表性，还应按适当的间隔期进行轮换。纺织品监督机构的成员，由货物贸易理事会指定的世界贸易组织成员任命，他们以个人身份履行职责，以协商一致方式作出决定。

纺织品监督机构负责监督《纺织品与服装协定》的实施，审查成员所采取的措施是否符合协定的规定，包括各成员的纺织品与服装贸易自由化方案，以及所采取的过渡性保障措施等，并就这些事项提出建议或作出裁决。各成员应尽量全面接受这些建议或裁决，如不能接受，应说明理由，纺织品监督机构在审议后，再次提出建议；如仍未解决问题，有关成员可以通过世界贸易组织争端解决机制处理。在过渡期的每一个阶段结束时，纺织品监督机构还须向货物贸易理事会提交一份全面报告。

第七章　标准和检疫协定

世界贸易组织多边贸易协定有两个专门处理标准和检验问题的协定，即《技术性贸易壁垒协定》和《实施卫生与植物卫生措施协定》。

第一节　技术性贸易壁垒协定

技术性贸易壁垒指为实现合法目标而采用的技术法规、标准、合格评定程序等。合法目标主要包括保护人类生命或健康、保护动植物生命或健康、保护环境、防止欺诈行为等。《技术性贸易壁垒协定》的宗旨是，指导成员制定、采用和实施正当的技术性贸易壁垒，鼓励采用国际标准和合格评定程序，保证这些措施不对国际贸易构成不必要的障碍。

一、产生背景

技术性贸易壁垒的产生有着深刻的社会和历史背景。人们在生产活动中，为保证产品质量，制定了标准，建立了产品质量认证制度。随着科学技术的发展，尤其是电力技术广泛应用于生产和消费之后，为保证产品安全，许多国家制定了技术法规，产品质量认证进一步完善，并逐步扩展到安全认证、管理体系认证等。

第二次世界大战后，世界经济迅猛发展，但由于对生态环境重视不够，自然环境受到严重污染，全球生态遭到破坏，人类生存面临威胁。针对这些问题，各国纷纷采取技术性贸易壁垒，对国际贸易的发展产生了重大影响。

由于各国经济发展水平不同，技术法规和标准差别很大，给生产者和出口商造成了困难。同时，随着关税与贸易总协定谈判带来的关税水平不断下降，各种形式的非关税壁垒出现，技术性贸易壁垒越来越多地被用做贸易保护手段，成为贸易发展的障碍。因此，许多缔约方认识到，有必要制定统一的国际规则来规范技术性贸易壁垒，消除对国际贸易的不必要的障碍。

《1947 年关税与贸易总协定》第 20 条“一般例外”规定，缔约方为保障人类、动植物的生命或健康可采取必要的措施；第 21 条“安全例外”也规定，缔约方为保护基本国家安全利益可采取必要的措施。依据这些规定，关税与贸易总协定在 1970 年成立了一个政策工作组，专门研究制定技术标准与质量认证程序方面的问题，并负责起草技术性贸易壁垒协定草案。

东京回合通过了《技术性贸易壁垒协定》。该协定只对签署的缔约方有效。乌拉圭回合对该协定进一步修改和完善，使之成为世界贸易组织货物贸易多边协定的组成部分，对所有成员具有约束力。

二、主要内容

《技术性贸易壁垒协定》由 15 个条款和 3 个附件组成，主要内容包括：制定、采用和实施技术性贸易壁垒应遵守的规则；技术法规、标准和合格评定程序；通报、评议、咨询和审议制度等。《技术性贸易壁垒协定》适用于工业品也适用于农产品。

（一）原则

《技术性贸易壁垒协定》对不同级别所实施的三类活动作出规定。第一类活动是技术法规的制定、采用和实施。该协定第二类活动是标准化机构制定、采用和实施标准，第三类活动是确认和认可符合法规和标准。对于每一类活动和每一级别的职责，该协定规定都适用 WTO 和 GATT 的基本原则，如非歧视、透明度等。

1. 非歧视原则

《技术性贸易壁垒协定》优先重视国民待遇和最惠国待遇这两项 GATT 核心原则。技术法规、标准和合格评定程序对来自 WTO 其他成员的进口产品适用，待遇不得低于给予国内同类产品和来自其他任何国家的同类产品的待遇。这些法规、标准和程序在制定、采用和实施过程中，也不能对贸易构成不必要的障碍。对于技术法规，这项要求规定技术法规对贸易的限制作用不能超过为实现合法目标所必需的限度，同时要考虑不能实现合法目标可能带来的风险。该协定提出了实现这一目的的指南，如技术法规在适当的情况下，要按产品的性能要求而不是按设计或描述特性来规范。如果批准某项技术法规的环境或目的已不复存在，或者改变了的环境或目标可以用对贸易有较少限制的方式来处理时，那么该项技术法规不得继续维持。与此类似，合格评定程序不能比使进口成员相信产品符合技术法规或标准所必需的限度更严格。各成员要保证尽可能快地进行和完成这一程序，除必需的信息外，不再要求提供更多的信息，而且测试设施地点要方便。

2. 协调

《技术性贸易壁垒协定》鼓励 WTO 成员为协调技术法规、标准和合格评定程序而作出努力，以减少国家间的差异对贸易造成障碍。协定提出了下列进行协调的方法：

（1）如果存在相关的国际标准，成员需要采用这些标准作为协调各自技术法规或标准的基础，除非国际标准对实现合法目标不适当或无效。该协定还鼓励使用可能已经制定的关于合格评定程序的任何国际指南或建议。作为一项引诱性条件，该协定假定根据国际标准制定法规，不会对贸易产生不必要的障碍。该协定还简化了根据这一标准制定的法规和要求的通知要求。另一方面，对采用国际标准的要求不是绝对的。这意味着没有理由担心该协定会强迫各国接受在保护安全或环境方面的“最小公分母”标准。在任何情况下，该协定鼓励成员参与国家标准化机构的工作。

（2）等效性：成员应积极考虑接受其他成员的技术法规作为等效技术法规，只要这些法规能够充分实现与它们自己的法规相同的政策目标即可。

（3）相互承认：对出口到不同国家的产品进行多重测试、多重检查和多重认证增加了商业成本和不确定性，还会造成不必要的贸易壁垒。理想的情况是，对一种产品的测试只在原产国进行一次，测试的结果被所有出口市场接受。该协定鼓励各成员谈判达成合格评定的相互承认协议。要求各成员在可能的情况下，接受其他成员的合格评定程序的结果，只要这些程序与它们自己的程序一样，都能够保证满足技术法规和标准即可。为此目的，该协定提出了一些标准，以确定出口国的相关合格评定机构拥有必要的技术能力，这些标准包括符合国际标准化机构颁布的指南和建议等。

3. 透明度

乌拉圭回合的大多数协定都强调了透明度原则，这一原则在标准领域尤其重要，因为产品要求及其合格评定测试的细节必须及时公布，这样才能防止产生限制贸易或扭曲的贸易现象。《技术性贸易壁垒协定》规定了两项透明度义务，目的在于保证所有成员都可以提前获得技术法规、标准和合格评定程序的信息，使私营部门就有时间针对政策的变更作出调整。第一项义务基本上是被动的：每个成员需要保证建立国家咨询点，以回答其他成员有关其技术法规、标准和合格评定程序的所有合理问题。第二项义务是主动的，即对这些措施和程序的变更情况进行通知。如果各成员制定的合格评定程序的技术法规或程序与国际标准不同，或大体上是以国际标准为基础的，而且如果这些法规和程序对其他 WTO 成员的贸易有重大影响，那么就需要进行通知，一般来讲要在实施前的60天作出通知。这样，其他成员就可以对此提出意见，在标准或程序实施前，有关成员需要考虑这些意见。

（二）技术法规、标准与合格评定程序

1. 技术法规

技术法规是强制性执行的有关产品特性或相关工艺和生产方法的规定。主要包括国家制定的有关法律和法规，政府部门颁布的有关命令、决定、条例，以及有关技术规范、指南、准则、专门术语、符号、包装、标志或标签要求。一些国家也授权非政府机构制定技术法规。协定要求成员应尽可能按照产品的性能，而不是按照设计或描述特征来制定技术法规。技术法规一般涉及国家安全、产品安全、环境保护、劳动保护、节能等方面。

成员中央政府应采取合理措施，确保地方政府及非政府机构制定、采用与实施的技术法规，符合《技术性贸易壁垒协定》的有关规定。

如果有关国际标准已经存在或即将拟就，成员应采用这些标准或其中的相关部分作为技术法规的基础，除非由于基本气候因素、地理因素、基本技术问题等原因，成员采用这些标准或其中的相关部分无法达到合法目标。

2. 标准

标准指经公认机构批准供通用或重复使用的、非强制执行的关于产品特性或相关工艺和生产方法的规则或指南，可包括有关专门术语、符号、包装、标志或标签要求。

有关标准化机构的行为要求，体现在《技术性贸易壁垒协定》附件 3《关于制定、采用和实施标准的良好行为规范》中。该规范规定，所有标准化机构应尽量采用国际标准，并充分参与国际标准化机构的工作。各成员的中央政府标准化机构有义务接受并遵守该规范，同时成员有义务使其领土内的其他标准化机构行为符合这一规范。

为使《关于制定、采用和实施标准的良好行为规范》中的通知要求具体化，世界贸易组织还通过了两个决定：一是《关于世界贸易组织、国际标准化组织就标准信息系统拟定谅解的决定》，据此在日内瓦建立了“世界贸易组织标准信息服务机构”，负责收集和公布《关于制定、采用和实施标准的良好行为规范》签署方的通知；二是《关于审议国际标准化组织、国际电工委员会信息中心出版物的决定》，规定对《关于制定、采用和实施标准的良好行为规范》签署方的通知进行定期审议。

3. 合格评定程序

合格评定程序是指，任何直接或间接用以确定产品是否满足技术法规或标准要求的程序。主要包括：抽样、检验和检查；评估、验证和合格保证；注册、认可和批准以及上述各项程序的组合。合格评定程序可分为认证、认可和相互承认三种形式。

（1）认证。认证指由授权机构出具的证明。一般由第三方对某一事物、行为或活动的本质或特征，经对当事人提交的文件或实物审核后出具的证明，通常被称为“第三方认证”。认证可以分为产品认证和体系认证。

产品认证主要是证明产品是否符合技术法规或标准，包括产品的安全认证和合格认证等。由于产品的安全性直接关系到消费者的生命或健康，所以产品的安全认证为强制认证。例如，欧洲共同体对玩具、锅炉、建筑用品、通信设备等二十多类产品实行安全认证，并要求加贴 CE 安全合格标志，否则不得在欧洲共同体市场销售。又如，美国的 UL 安全认证，加拿大 CSA 安全认证等。产品的合格认证尤其是质量认证，是在自愿的基础上进行的。

体系认证是确认生产或管理体系是否符合相关法规或标准。目前，通用的国际体系认证有 ISO 9000 质量管理体系认证、ISO 14000 环境管理体系认证，行业体系认证有 QS 9000 汽车行业质量管理体系认证、TL 9000 电信产品质量体系认证，还有 OHSASl 8001 职业安全卫生管理体系认证等。

（2）认可。认可指权威机构依据程序确认某一机构或个人具有从事特定任务或工作的能力。主要包括产品认证机构认可、质量和管理体系认证机构认可、实验室认可、审核机构认可、审核员或评审员的资格认可、培训机构注册等。

（3）相互认证。相互认证指认证或认可机构之间通过签署相互承认协定，彼此承认认证或认可结果。《技术性贸易壁垒协定》鼓励成员积极考虑接受其他成员的合格评定程序，并就达成相互承认协定进行谈判。成员应以不低于本国或其他国家合格评定机构的条件，允许其他成员的合格评定机构参与其合格评定活动。

根据《技术性贸易壁垒协定》规定，只要能确保符合自身的技术法规或标准，成员应采用国际标准化机构已经发布或即将拟就的有关指南或建议，作为合格评定程序的基础。

只要可行，成员应共同建立国际合格评定体系，并加入该体系或参与该体系活动；成员还应尽可能采取合理措施，保证国内相关机构加入或参与的国际或区域合格评定体系，遵守《技术性贸易壁垒协定》的规定。

三、通知、评议、咨询、审议及争端解决

（一）通知和评议

为确保成员制定、采用和实施技术法规或合格评定程序具有透明度，《技术性贸易壁垒协定》规定，如果成员拟采用的技术法规或合格评定程序不存在相关的国际标准，或与有关国际标准中的技术内容不一致，且可能对其他成员的贸易有重大影响，该成员应履行通知义务。通知的内容包括拟采取措施的目的和理由以及所涵盖的产品；通知的时间应在该措施还没有被批准，且可进行修改的规定期限内；通知的渠道是通过技术性贸易壁垒委员会向其他成员通报。该成员还应在已向该委员会通报的出版物上发布有关公告，使有关利害方知晓将制定某项技术法规或合格评定程序。

成员应无歧视地给予其他成员合理时间（一般至少 60 天），以便就已草拟的技术法规或合格评定程序提出书面意见。对其他成员提出的书面意见和评议结果，该成员应予以考虑。如果面临涉及人类安全、健康、环境保护、国家安全等方面的紧急问题，或面临发生此类问题的威胁，该成员可省略一些步骤，发出紧急通知。

成员应保证迅速公布已采用的所有技术性贸易壁垒。除紧急情况外，成员应在措施公布和生效之间留出合理宽限期，使其他成员特别是发展中成员的生产者能适应进口成员的要求。直属于中央政府的地方政府机构制定、采用和实施的技术性贸易壁垒，通过中央政府进行通报。

（二）咨询

成员应设立技术性贸易壁垒咨询点。咨询点应有能力回答其他成员或利害关系方提出的所有合理询问，并能提供有关中央政府机构、地方政府机构及非政府机构所采用或拟议的任何技术法规、标准和合格评定程序等资料，加入或参与国际或区域标准化机构和合格评定体系等方面的情况。如果一个成员设立一个以上的咨询点，则应完整、明确地提供有关每个咨询点职责范围的信息。

（三）审议制度及争端解决

世界贸易组织设立技术性贸易壁垒委员会，负责管理《技术性贸易壁垒协定》的执行。该委员会由全体成员代表组成，每年至少召开一次会议。联合国粮农组织、国际货币基金组织、世界银行等国际组织，作为观察员出席会议。

技术性贸易壁垒委员会对《技术性贸易壁垒协定》的运用和实施情况，包括透明度的有关规定等，自 1995 年开始，每 3 年末进行一次审议。在适当情况下，该委员会可以建议对《技术性贸易壁垒协定》进行修正。

世界贸易组织争端解决规则适用于技术性贸易壁垒的争端解决。争端解决专家组可自行或应当事方的请求，设立技术专家小组，就技术性问题提供协助。

第二节 实施卫生与植物卫生措施协定

《实施卫生与植物卫生措施协定》的宗旨是指导各成员制定、采用和实施卫生与植物卫生措施，将这些措施对贸易的消极影响减少到最低程度。

一、产生背景

关税与贸易总协定允许缔约方采取卫生与植物卫生措施，前提是这些措施不得对情形相同的成员构成任意或不合理的歧视，也不得构成对国际贸易的变相限制。但在实践中，一些缔约方滥用卫生与植物卫生措施，阻碍了正常的国际贸易。而关税与贸易总协定有关条款的规定过于笼统，难以操作，不能有效约束缔约方滥用卫生与植物卫生措施。因此，国际贸易的发展客观上要求制定一个明确和便于执行的具体规则。

在乌拉圭回合中，实施卫生与植物卫生措施问题最初作为《农业协定》谈判内容的一部分。当时许多缔约方担心，在农产品非关税措施被转换成关税以后，某些缔约方可能会更多地、不合理地使用卫生与植物卫生措施，阻碍国际贸易发展。为消除这种威胁，乌拉圭回合达成了《实施卫生与植物卫生措施协定》，同时在《农业协定》中设有专门条款，成员同意执行《实施卫生与植物卫生措施协定》。

《实施卫生与植物卫生措施协定》与《技术性贸易壁垒协定》有一定的联系，前者吸收了后者的文本结构。两者的根本区别在于各自的管辖范围不一样，前者仅涉及食品安全、动物卫生和植物卫生三个领域；后者涉及范围广泛，除与上述三个领域有关的实施卫生与植物卫生措施外，其他所有产品的技术法规和标准都受其管辖。

二、主要内容

《实施卫生与植物卫生措施协定》由 14 个条款和 3 个附件组成。主要内容包括：应遵循的规则、发展中成员所享有的特殊和差别待遇、卫生与植物卫生措施委员会的职能、争端解决等。

（一）卫生与植物卫生措施的含义

卫生与植物卫生措施指，成员为保护人类、动植物的生命或健康，实现下列具体目的而采取的任何措施：

1. 保护成员领土内人的生命免受食品和饮料中的添加剂、污染物、毒素及外来动植物病虫害传入危害。

2. 保护成员领土内动物免受饲料中的添加剂、污染物、毒素及外来病虫害传入危害。

3. 保护成员领土内植物免受外来病虫害传入危害。

4. 防止外来病虫害传入成员领土内造成危害。

卫生与植物卫生措施包括：所有相关的法律、法规、要求和程序，特别是最终产品标准；工序和生产方法；检测、检验、认证和审批程序；各种检疫处理；有关统计方法、抽样程序和风险评估方法的规定；与食品安全直接有关的包装和标签要求等。

（二）应遵循的规则

《实施卫生与植物卫生措施协定》规定，成员在制定和实施卫生与植物卫生措施时，应遵循以下规则。

1. 非歧视地实施卫生与植物卫生措施

成员在实施卫生与植物卫生措施时，应遵守非歧视原则。即不能在情形相同或相似的成员间，包括该成员与其他成员之间造成任意或不合理的歧视，尤其是在有关控制、检验和批准程序方面，应给予其他成员的产品国民待遇。

2. 以科学为依据实施卫生与植物卫生措施

成员应确保任何卫生与植物卫生措施都以科学为依据，不能实施或停止实施没有充分科学依据的卫生与植物卫生措施。如果在科学依据不充分的情况下采取某种卫生与植物卫生措施，只能是临时性的，并应在合理的期限内作出科学评估。

3. 以国际标准为基础制定卫生与植物卫生措施

为广泛协调成员所实施的卫生与植物卫生措施，各成员应根据现行的国际标准制定本国的卫生与植物卫生措施。但世界贸易组织本身并不制定国际标准，而是由其他相关国际组织，特别是食品法典委员会、世界动物卫生组织和国际植物保护公约秘书处，制定相应的食品安全、动植物卫生等国际标准。

凡符合国际标准的卫生与植物卫生措施，被认为是保护人类、动物和植物的健康所必需的措施。但《实施卫生与植物卫生措施协定》规定，各成员政府可以不采用国际标准。如果一成员实施或维持比现行国际标准更严的卫生与植物卫生措施，则必须有科学依据，或符合成员根据有害生物风险分析确定的“适当的卫生与植物卫生保护水平”（也称“可接受的风险水平”），并且这些措施不能与《实施卫生与植物卫生措施协定》的规定相抵触，不能对国际贸易造成不必要的障碍。否则，该成员政府应提供相关的科学理由，解释为什么相应的国际标准不能满足其所需的、适当的卫生与植物卫生保护水平。

在没有相关国际标准的情况下，成员采取卫生与植物卫生措施必须根据有害生物风险分析的结果。实施没有国际标准的卫生与植物卫生措施，或实施的卫生与植物卫生措施与国际标准有实质不同，且可能限制出口方产品的出口时，进口方应及早向出口方发出通知，并作出解释。

《实施卫生与植物卫生措施协定》鼓励各成员积极参与有关国际组织及其附属机构，特别是食品法典委员会、国际兽疫局和国际植物保护公约秘书处的活动，以促进这些组织制定和定期审议有关卫生与植物卫生措施的国际标准。

4. 等同对待出口成员达到要求的卫生与植物卫生措施

如果出口成员对出口产品所采取的卫生与植物卫生措施，客观上达到了进口成员适当的卫生与植物卫生保护水平，进口成员就应接受这种卫生与植物卫生措施，并允许该种产品进口，哪怕这种措施不同于自己所采取的措施，或不同于从事同一产品贸易的其他成员所采取的措施。

为解决成员间的等同对待问题，《实施卫生与植物卫生措施协定》鼓励各成员进行磋商，并就此问题达成双边或多边协定。

5. 根据有害生物风险分析确定适当的保护水平

有害生物风险分析指，进口方的专家在进口前对进口产品可能带入的病虫害的定居、传播、危害和经济影响，或者对进口食品、饮料、饲料中可能存在添加剂、污染物、毒素或致病有机体可能产生的潜在不利影响，作出的科学分析报告。该报告是进口方是否进口某种产品的决策依据。

在进行有害生物风险分析时，应考虑有关国际组织制定的有害生物风险分析技术，同时考虑以下内容：可获得的科学依据，有关加工工序和生产方法，有关检验、抽样和检测方法，检疫性病虫害的流行，病虫害非疫区的存在，有关生态和环境条件，检疫或其他检疫处理方法，有害生物的传入途径、定居、传播、控制和根除有害生物的经济成本等。

《实施卫生与植物卫生措施协定》规定，成员在制定卫生与植物卫生措施时应以有害生物风险分析为基础。有害生物风险分析与进口方确定“适当的卫生与植物卫生保护水平”有直接关系，有害生物风险分析结果决定保护水平的高低。如果有害生物风险分析的结果认为风险比较高，进口方确定的“适当的卫生与植物卫生保护水平”就比较高；反之，保护水平就比较低。无论进口方确定的“适当的卫生与植物卫生保护水平”是高还是低，都应考虑将实施卫生与植物卫生措施对贸易的消极影响减少到最低程度。

6. 接受“病虫害非疫区”和“病虫害低度流行区”的概念

病虫害非疫区指没有发生检疫性病虫害，并经有关国家主管机构确认的地区。例如，疯牛病在某国的某地区没有发生，并经该国有关主管部门确认，该地区就是疯牛病非疫区。病虫害非疫区可以是一个国家的全部或部分地区，也可以是几个国家的全部或部分地区。

确定一个病虫害非疫区的大小，应考虑地理、生态系统、流行病监测及实施卫生与植物卫生措施的效果等因素。

成员在接受病虫害非疫区这一概念的同时，也应接受病虫害低度流行区的概念。

病虫害低度流行区指检疫性病虫害发生水平低，已采取有效监测、控制或根除措施，并经有关国家主管机构确认的地区。与病虫害非疫区一样，病虫害低度流行区可以是一个国家的全部或部分地区，也可以是几个国家的全部或部分地区。

如果出口方声明，其关税领土内全部或部分地区是病虫害非疫区或病虫害低度流行区，该出口方就应向进口方提供必要的证据。同时，应进口方请求，出口方应为进口方提供检验、检测和其他有关程序的合理机会。

7. 保持卫生与植物卫生措施有关法规的透明度

成员应确保及时公布所有有关卫生与植物卫生措施的法律和法规。除紧急情况外，成员应在卫生与植物卫生措施有关法规的公布和生效之间留出一段合理的时间，以便让出口成员的生产商，尤其是发展中成员的生产商有足够时间调整其产品和生产方法，适应进口成员的要求。

成员应指定一个中央政府机构负责履行通知义务，将拟实施的、缺乏国际标准或与国际标准有实质不同，并且对其他成员的贸易有重大影响的卫生与植物卫生措施通知世界贸易组织。通知的具体内容是，采取措施所涵盖的产品以及涉及的特定法规，简要说明特定法规的目标和理由。通知应在有关法规草案仍可修改的期间进行，以便其他成员在合理的时间内（通常为45天~60天）提出意见。如遇紧急情况或紧急情况的威胁时，成员可以立即采取有关卫生与植物卫生措施，但应及时通过世界贸易组织秘书处通知其他成员。通知的内容，除上述一般情况应通知的事项外，还应包括紧急情况的性质。

成员采取有关卫生与植物卫生措施，应允许其他成员提出书面意见，进行商讨，并考虑这些书面意见和商讨的结果。如有成员要求提供有关法规草案，该成员应予提供，并尽可能标明与国际标准有实质性偏离的部分。

成员还应设立一个咨询点，答复其他成员所提出的合理问题，并提供有关文件。咨询内容包括现行的或拟议中的卫生与植物卫生法规，任何控制和检查程序，生产和检疫处理方法，杀虫剂允许量和食品添加剂批准程序，有害生物风险分析程序，适当的卫生与植物卫生保护水平的确定，成员或其相关机构参与国际和地区相关组织的情况，以及签署的双边和多边相关协定等。

（三）发展中成员享有的特殊和差别待遇

1. 成员在制定和实施卫生与植物卫生措施时，应考虑发展中成员的特殊需要。如果分阶段采用新的卫生与植物卫生措施，应给予发展中成员更长的时间，使其有利害关系的出口产品符合进口方卫生与植物卫生措施要求，从而维持其出口机会。

2. 成员同意以双边的形式，或通过适当的国际组织，向发展中成员提供技术援助。此类援助可特别针对加工技术、科研和基础设施等领域，包括建立监管机构，并可采取咨询、信贷、捐赠、提供设备和培训等方式。当发展中成员为满足进口方的卫生与植物卫生措施要求，需要大量投资时，该进口方应提供技术援助。成员应鼓励和便利发展中成员积极参与有关国际组织。

3. 发展中成员可推迟两年，即从1997年1月1日起，开始执行《实施卫生与植物卫生措施协定》。此后，如有发展中成员提出请求，可有时限地免除其在《实施卫生与植物卫生措施协定》项下的全部或部分义务。

（四）卫生与植物卫生措施委员会的职能

为监督成员执行《实施卫生与植物卫生措施协定》，并为成员提供一个经常性的磋商场所或论坛，推动各成员采取协调一致的卫生与植物卫生措施，世界贸易组织设立卫生与植物卫生措施委员会。

卫生与植物卫生措施委员会应加强与主管标准的国际组织的联系与合作，并制定相应程序，监督和协调国际标准的使用。该委员会还应对《实施卫生与植物卫生措施协定》的运用和实施情况进行审议。必要时，可根据该协定实施过程中的经验，向货物贸易理事会提交修正该协定文本的建议。

（五）争端的解决

成员间有关实施卫生与植物卫生措施问题的争端，应通过世界贸易组织的争端解决机制解决。如涉及科学或技术问题，则可咨询技术专家或有关的国际组织。

第八章　非关税措施协定

世界贸易组织货物贸易多边协定中，一些协定专门处理可能对贸易造成障碍的非关税措施问题。这些协定主要有：《海关估价协定》、《进口许可程序协定》、《原产地规则协定》、《装运前检验协定》、《与贸易有关的投资措施协定》等。

第一节　海关估价协定

海关估价是指海关为征收关税等目的，确定进口货物完税价格的程序。乌拉圭回合达成了《关于实施 1994 年关税与贸易总协定第 7 条的协定》，又称《海关估价协定》。该协定的宗旨是，通过规范成员对进口产品的估价方法，防止使用任意或虚构的价格作为完税价格，同时确保海关估价制度的公平、统一和中立，不对国际贸易构成障碍。

一、产生背景

海关估价主要适用于实施从价关税的商品。通过估价确定的价格为完税价格，它是海关征收从价关税的依据。进口商申报的价格不是进口货物的完税价格，只有当该价格被海关接受，才能成为完税价格。世界各国或地区对绝大多数商品采用从价关税，海关估价的原则、标准、方法和程序等都影响完税价格的确定。海关高估进口货物的价格相当于提高了进口关税水平，从而对货物的国际流动构成限制，减损各国或地区在多边贸易体制下所作的关税减让承诺。因此，滥用海关估价将会造成完税价格的不确定性，阻碍世界贸易的正常发展。

《1947 年关税与贸易总协定》第 7 条规定，海关征收关税的完税价格应以进口货物或同类货物的“实际价格”为依据，不应采用同类国产品的价格及任意或虚构的价格；计价采用的汇率应符合国际货币基金组织的有关规定。由于该规定不够具体，可操作性不强，因此，在东京回合中，关税与贸易总协定缔约方通过谈判，达成《关于实施关税与贸易总协定第 7 条的协定》（又称《海关估价守则》），对如何实施上述规定做了详细解释。缔约方可自主决定是否加入该守则。

乌拉圭回合在对《海关估价守则》进行修订和完善的基础上，达成了《海关估价协定》。世界贸易组织要求，每一个成员必须接受该协定。

二、主要内容

《海关估价协定》共分 4 个部分，由 24 个条款和 3 个附件组成。主要内容包括海关估价的方法、对海关估价决定的复议，发展中成员的特殊和差别待遇、争端解决以及海关估价委员会与海关估价技术委员会的职能等。

（一）适用范围

本协定适用于为对进口货物征收从价关税为目的而进行的海关的估价方面。

（二）海关估价方法

《海关估价协定》规定，进口成员海关应在最大限度内以进口货物的成交价格作为货物完税价格。这是海关估价时应首先使用的方法。但在无法使用这种方法的情况下，可使用该协定规定的其他 5 种方法。具体是指以相同货物的成交价格、以类似货物的成交价格、以倒扣价格、以计算价格及以“回顾”方法确定货物的完税价格。

上述 6 种估价方法应严格按顺序实施。只有在前一种估价方法无法确定完税价格的情况下，才可采用后一种估价方法。海关不得颠倒 6 种估价方法的适用顺序，但进口商可以要求颠倒使用第 4 种倒扣价格方法和第 5 种计算价格方法的顺序。

1. 以进口货物的成交价格确定完税价格

运用这一方法确定的完税价格，是指货物出口到进口方后，进口方海关根据成交情况对进口商实付或应付成交价格进行调整后的价格。

海关不是在任何情况下都依据进口货物的成交价格确定完税价格，采用这种估价方法必须符合以下条件。

（1）买方对货物享有的处置或使用权不受任何限制。但下列情况除外：进口成员法律或政府主管机构实施或要求的限制，卖方对该货物转售地域的限制，卖方提出的对货物价格无实质影响的限制（如要求汽车买主不要在新产品年度开始日前出售或展览汽车）。

（2）卖方不得在买方购买进口货物时设定某些影响销售或价格的条件。例如，卖方不得以买方购买一定数量的其他货物为条件出售货物或确定出口价格，卖方不得依据买方向卖方销售其他货物的价格出售货物或确定出口价格，卖方不得以与进口货物无关的支付方式为条件出售货物或确定出口价格。

（3）买方不得将对货物的转售、处置或使用产生的收益直接或间接返回给卖方，除非对成交价格进行适当调整。

（4）买卖双方之间不得存在特殊关系。如果买卖双方之间有特殊关系，但进口商能证明双方的特殊关系没有影响实付或应付的价格，则可以使用该成交价格。

采用成交价格方法确定进口货物的完税价格，如果买方支付了一些费用，而这些费用未包含在其实付或应付的价格中，海关可将这些费用计入买方实付或应付的价格。这些费用具体指：佣金和经纪费（进口商付给国外代理人的购买佣金除外），与货物构成一体的容器的成本，包装费用（包括人工费用和材料费用），进口货物中包含的由买方提供的材料、零部件、工具、模具等的费用（按进口方的公认会计原则确定），特许权使用费和许可费，转售、处置或使用进口货物后支付给卖方的收益等。

货物运抵进口地所产生的海上运输费、保险费和港口装卸费等费用，进口成员海关可根据本国的有关法规，计入或不计入完税价格。

如果可与实付或应付的价格相区分，下列费用或成本不得计入完税价格。具体包括货物（如工业机器或设备）进口后进行基建、安装、组装、维修产生的费用或技术援助费用，货物进口后进口方境内发生的运输费，进口方征收的关税和其他税贡。

2. 以相同货物的成交价格确定完税价格

在无法采用进口货物成交价格方法确定进口货物的完税价格时，进口成员海关可采用相同货物的成交价格确定完税价格。

相同货物指与进口货物原产国或地区、原生产者生产的货物各方面完全相同的货物。相同指物理特性、质量和声誉等方面的相同。如果该进口货物原生产者不再生产相同货物，可使用同一生产国其他生产者生产的货物作为相同货物，货物外形的细小差别可忽略不计。

采用相同货物的成交价格确定完税价格，应注意三个问题：一是相同货物必须与进口货物同时或大约同时进口；二是相同货物的成交价格必须先前已被海关接受；三是如果有两个以上相同货物的成交价格，应选用其中最低的一个作为海关完税价格。

进口成员海关应与进口商协商，以获得相同货物的成交价格。

3. 以类似货物的成交价格确定完税价格

在不能依次采用上述两种估价方法时，进口成员海关可采用类似货物的成交价格确定完税价格。

类似货物指在材料组成及特性上与进口货物原产国、原生产者生产的货物相似，具备同样功能且商业上可互换的货物。如果该进口货物原生产者不再生产类似货物时，可使用同一生产国其他生产者生产的货物作为类似货物。

采用类似货物的成交价格确定完税价格，也应注意三个问题：一是类似货物必须与进口货物同时或大约同时进口；二是类似货物的成交价格必须先前已被海关接受；三是如果有两个以上类似货物的成交价格，应选用其中最低的一个作为海关完税价格。

进口成员海关应与进口商协商，以获得类似货物的成交价格。

4. 以倒扣价格方法确定完税价格

在不能依次采用上述3种估价方法时，进口成员海关可采用倒扣价格方法确定完税价格。

倒扣价格指根据进口货物或相同货物或类似货物在进口方的销售价格，扣减货物进口及销售时产生的某些特定费用。具体包括在进口方发生的佣金，利润，为推销和销售货物直接和间接产生的一般费用，运费、保险费及其有关费用，关税及其他费用和增值税等国内税。是否扣减海上运输费、保险费和港口装卸费，由进口成员海关根据本国有关法规决定。

在进口方的销售价格，是指以最大总量将货物第一次转售给与进口商无特殊关系的买方的单位货物价格，且进口货物或相同货物或类似货物必须在进口方按进口时的原状销售。如果没有以进口时的原状销售，进口商可要求海关采用经进一步加工后的货物销售价格。

在这种情况下，相同货物或类似货物的销售时间，应与进口货物的进口时间相同或大致相同，如果时间不同，可采用这些货物在进口货物进口后90天内的销售价格。

5. *以计算价格方法确定完税价格*

如不能依次采用上述4种估价方法，进口成员海关可采用计算价格方法确定完税价格。

计算价格指进口货物的生产成本，加上从出口方向进口方销售同级别或同种类货物通常所获得的利润，以及为推销和销售货物直接和间接产生的一般费用等。是否计入海上运输费、保险费和港口装卸费，由进口成员海关根据本国有关法规决定。

这种方法通常在买方与卖方有特殊关系，且生产商愿意向进口方海关提供成本数据和必要审核材料的情况下采用。

6. *以“回顾”方法确定完税价格*

在无法完全按照上述5种估价方法确定完税价格时，进口成员海关可采用“回顾”方法确定完税价格。

“回顾”方法指海关可采用其他合理的方法来估价，包括对上述各种估价方法作出灵活处理，以其中最容易计算的方式确定完税价格。例如，在采用相同货物成交价格方法时，可以采用来自第三国的相同进口货物的成交价格作为估价基础。

采用其他合理的方法，必须符合《海关估价协定》和《1994年关税与贸易总协定》的有关规定，并依据进口方司获得的数据确定。进口成员海关不得采用进口方生产的货物在其境内销售的价格，或取两种备选价格中较高的价格，或采用进口货物在出口方境内市场上的价格，或货物向第三方出口的价格。如不采用计算价格方法，海关不得根据生产成本来估价。海关也不得以最低限价以及任意或虚构的价格来估价。

（三）对海关估价决定的司法复议

海关根据《海关估价协定》规定的估价程序，审查进口商申报的价格及相关信息（包括进口商呈验的陈述书、单证、申报单）的真实性和准确性，然后根据审查结果决定采用何种方法确定完税价格。

进口商必须如实申报进口货物的价格及有关信息，并与海关进行充分合作。在审查中，如海关怀疑进口商申报价格的真实性和准确性，可要求进口商进一步提交资料或证据，以证明申报价格是经合理调整后的实付或应付价格。但海关在采取这种做法时，应向进口商陈述理由。海关应将最终的估价决定书面通知进口商。

进口商对海关估价决定有申诉的权利，并且不应为此受到处罚。不受处罚是指海关不得因进口商行使上诉权而进行罚款或威胁罚款。进口商为申诉而支付的诉讼费用和律师费用，不属于罚款范畴。

进口商的申诉权体现在两个方面：第一，可向海关内部主管复议的部门提出申诉，或向海关外部的某个独立机构提出申诉。第二，可向司法机关提出申诉。一般来讲，进口商首先向上一级海关或海关外部的某个独立机构提出申诉，要求行政复议。如对行政复议不满，进口商可向司法机关提出申诉，要求司法复议。进口商也可直接要求司法复议。

以上规定，不妨碍海关要求进口商在上诉前全额缴纳海关已估定的税款。

（四）发展中成员的特殊和差别待遇

发展中成员享有的特殊和差别待遇，主要表现在以下几个方面。

1. 推迟实施《海关估价协定》

《海关估价守则》非签署方的发展中成员可自《建立世界贸易组织协定》对其生效时起，推迟5年实施《海关估价协定》。如果某些发展中成员认为5年时间不够，则可在5年过渡期结束前，提出延长过渡期的申请。如理由正当，成员应对其延长过渡期的要求给予积极考虑。

2. 推迟采用计算价格方法

《海关估价守则》非签署方的发展中成员可自《海关估价协定》对其生效时起，推迟3年实施该协定中有关以计算价格方法确定完税价格的规定。也就是说，上述发展中成员可自《建立世界贸易组织协定》对其生效时起，推迟8年实施计算价格方法的规定。

3. 对最低限价的保留

许多发展中成员为防止税收流失，对部分进口商品规定了最低限价，海关以此进行估价。《海关估价协定》允许发展中成员对有限的商品在一定时间内实行最低限价，但应得到其他成员的同意。

4. 对倒扣价格方法和计算价格方法适用顺序的保留

《海关估价协定》允许进口商要求颠倒倒扣价格方法和计算价格方法的适用顺序。但如果颠倒这两种方法的适用顺序给发展中成员带来困难，发展中成员有权提出保留，拒绝进口商提出的这一要求，其他成员应予以同意。

5. 对经进一步加工货物适用倒扣价格方法的保留

《海关估价协定》规定，在适用倒扣价格方法时，如果货物没有按进口时的原状销售，应进口商的请求，海关可采用货物经进一步加工后的销售价格进行倒扣计算。但发展中成员可保留如下权利：如果货物进行了进一步加工，无论进口商是否提出请求，海关均按有关规定，根据加工后的价格来确定完税价格。其他成员应予以同意。

6. 要求提供技术援助

发达成员应根据与发展中成员双边议定的条件，为发展中成员提供技术援助，包括培训人员，提出适用《海关估价协定》规定的建议等。发展中成员海关在对独家代理人、独家经销人或独家受让人的进口货物进行估价时，如果遇到问题，可向海关估价技术委员会提出援助请求。该委员会应对此进行研究，寻求解决方法，发达成员应在发展中成员的请求下提供有关援助。

（五）争端解决

成员之间因海关估价引起的争端，适用于《关于争端解决规则与程序的谅解》，即适用世界贸易组织的争端解决程序。如果一成员因海关估价问题请求与有关成员进行磋商，有关成员应予积极考虑，并尽可能达成双方满意的解决办法。

（六）海关估价委员会和海关估价技术委员会的职能

为管理《海关估价协定》的执行，世界贸易组织设立了海关估价委员会，审议协定的实施，解决政策问题；同时，在世界海关组织设立海关估价技术委员会，解决具体技术问题，该委员会的秘书处工作由世界海关组织秘书处承担。

1. 海关估价委员会

海关估价委员会由世界贸易组织各成员的代表组成。该委员会应每年审议一次《海关估价协定》的执行情况，并为世界贸易组织成员提供机会，就各成员实施的海关估价制度对该协定执行产生的影响进行磋商，以确保实现该协定的目标。

2. 海关估价技术委员会

海关估价技术委员会由世界贸易组织各成员代表组成，非世界贸易组织成员的世界海关组织成员可成为观察员。既不是世界贸易组织成员，也不是世界海关组织成员的政府或政府间国际和贸易组织的代表，经该委员会主席同意，也可作为观察员出席委员会会议。该委员会从技术角度确保《海关估价协定》适用和解释的统一，还为解决世界贸易组织成员或争端解决专家组提出的技术问题提供建议。

第二节 进口许可程序协定

《进口许可程序协定》的宗旨是，保证进口许可程序的实施和管理的简化、透明、公平和公正，避免对产品进口造成障碍或限制。进口许可是对进口的一种行政管理程序，既包括进口许可证制度本身的程序，也包括作为进口前提条件的其他行政管理手续。

一、产生背景

进口许可制度作为一项非关税措施，是世界各国管理进口的一种常见手段，在国际贸易中长期存在，并被广泛运用。但进口许可程序有时可能成为贸易壁垒，对贸易产生限制。

《1947 年关税与贸易总协定》第 8 条和第 13 条对有关进口许可程序做了规定，但有关规定比较模糊，在实际执行中难以操作。从肯尼迪回合开始，如何简化进口许可程序，提高透明度，防止滥用或不适当应用进口许可程序，成为多边贸易谈判的一项重要内容。东京回合的主要目标之一，是制定更有效的国际规则，约束包括进口许可程序在内的各种非关税措施，减少这些措施对国际贸易的障碍或限制。经过谈判，缔约方达成了《进口许可程序守则》。

协定缔约方可以自行选择参加。该协定由于许多发展中缔约方的许可证制度随外汇收入和进口状况的变化而改变，他们无法肯定能否遵守《进口许可程序协定》，因此只是申请成为观察员，使该协定的适用范围受到较大限制。

乌拉圭回合对《进口许可程序协定》做了进一步修改和完善，增加了通报和审议等条款，达成了《进口许可程序协定》。该协定适用于所有世界贸易组织成员。

二、主要内容

《进口许可程序协定》由序言和 8 个条款组成，主要包括一般规则、自动进口许可制度、非自动进口许可制度、通知和审议等。

（一）一般规则

为防止因不恰当地实施行政程序而导致贸易扭曲，并考虑到发展中成员的发展及财政和贸易需要，各成员应确保为实施进口许可制度而采用的程序符合《进口许可程序协定》。

1. 及时公布必要的信息

为使其他成员政府及贸易商知晓有关进口许可程序规则，成员应在已向世界贸易组织通知的官方公报、报刊、杂志等出版物上，公布进口许可证申请程序规定及有关信息，包括个人、企业和机构提交这种申请的资格，需要接洽的行政机关，以及需要申领进口许可证的产品清单等。公布的时间应不迟于上述规定生效之日前的 21 天，特殊情况最晚不得迟于生效之日。如有其他成员对所公布资料提出意见，成员应予以考虑。

2. 简化申请和展期手续

申请进口许可证和进口许可证展期的程序应尽可能简化，表格应尽可能简单。但成员主管机构可以要求申请者提供必要的文件及信息，并至少给予申请者 21 天的合理时限。申请者原则上应只需接洽一个同申请有关的行政机关，若确有需要，所涉及的行政机关最多不应超过三个。

3. 不得因小差错而拒绝批准

如果申请者提交的许可证申请文件中存在微小差错，但并未改变文件的基本数据等内容，主管部门不得因此拒绝批准申请。对于申请者在文件或程序中出现的，显然不是因企图欺诈或严重疏忽而造成的遗漏或差错，不应给予超出警告程度的处罚。货物在装船或运输等过程中发生的数量差异，只要符合正常的商业惯例，就不得以与许可证上标明的数字有微小出入为由，拒绝批准进口。

4. 不得在外汇供应上实行歧视

不管货物是否受进口许可证管理，任何进口商都应在同等条件下获得支付进口货物所需的外汇。

5. 允许安全例外和保密例外

《进口许可程序协定》允许进口方根据《1994 年关税与贸易总协定》第 21 条安全例外的规定，采取有关措施。

成员可以不提供会导致妨碍法律实施、损害公共利益或企业合法商业利益的保密资料。

（二）自动进口许可制度

自动进口许可制度是指，在任何情况下对进口申请一律予以批准的进口许可制度。这一制度通常用于统计和监督。

1. 成员只有在没有其他更合适的手段实现其管理目的，且已具备采取自动进口许可条件的情形下，才可以实施这种许可制度。

2. 实施自动进口许可制度，不得对进口货物产生限制；主管部门不得歧视许可证申请者，任何符合法律要求的申请者均有资格提出申请并获得许可证。主管部门在收到自动许可申请后，应迅速批准，审批时间最长不应超过10个工作日。

（三）非自动进口许可制度

非自动进口许可制度指不属于自动进口许可的进口许可制度。

非自动许可制度适用于对配额及其他限制性措施进行管理。成员许可证签发机构在审批许可证时，可以行使签发与否的处置权。除了进口限制措施本身的影响外，非自动许可不得对进口产生额外的限制或扭曲，也不得造成更大的行政负担。

《进口许可程序协定》对非自动进口许可制度，做了如下规定：

1. 保证许可证管理的透明度

应其他成员的要求，实行非自动进口许可管理的成员必须提供充分的信息，包括贸易限制的管理，近期签发的进口许可证，在出口方之间分配许可证的情况，以及受进口许可证管理的产品进口数量和金额统计。对实行非自动进口许可管理的配额，应在规定的时限内，采用可使其他成员政府和贸易商知晓的方式，公布配额总量（数量或金额）、配额始末日期及其任何变化情况。如果配额是在出口方之间进行分配，应将分配情况立即通知所有与该产品有利益关系的成员。

2. 及时、公正地实施许可程序

任何符合进口方法律和行政管理要求的个人、企业或机构，都具有申请许可证的同等资格。如果申请未获批准，申请者可要求主管机构告知理由，并有权要求复议或按进口方的国内法定程序上诉。若按先来先得的原则处理所有申请，审批的期限不应超过30天；若同时处理所有申请，审批的期限不应超过60天。许可证的有效期限应该合理，不应对货物进口造成障碍。在对配额实行管理时，主管机构不得阻碍对配额的充分使用。

3. 合理分配许可证

在分配许可证时，主管机构应考虑申请者的进口实绩和以往所发放许可证的使用情况，还应考虑将许可证合理地分配给新的进口商，特别是从发展中成员进口产品的进口商。如果通过许可证管理全球配额，许可证持有者可自行选择进口来源。如果通过许可证管理国别配额，许可证上应列明具体国家。

4. 对误差采取补偿措施

如果符合正常商业惯例的微小误差，导致了进口货物的数量、金额或重量超过许可证规定的水平，主管机构可在未来的许可证分配时作出补偿性调整。

（四）通知和审议

《进口许可程序协定》要求，制定或更改许可程序的成员，应在公布有关程序后的60天内通知世界贸易组织。通知的内容主要包括：

1. 许可程序是自动的还是非自动的。若是自动进口许可程序，应说明其行政管理的目的；若是非自动进口许可程序，应说明通过许可程序所实行的措施。

2. 许可程序的预计期限。如果不能提供预计期限，要说明原因。

3. 受许可程序管理的产品清单。

4. 索取许可资格申请资料的联系点。

5. 接受申请书的行政机关。

6. 公布许可程序的出版物名称与出版日期。

如果有成员发现其他成员未通知有关情况，该成员也可将此情况向世界贸易组织通知。

世界贸易组织设立专门的进口许可程序委员会。该委员会由各成员的代表组成，每两年应至少召开一次会议，审议《进口许可程序协定》的执行情况，以保证该协定各项规则得到遵守。

第三节 原产地规则协定

原产地规则是指，一国家或地区为确定货物原产地而实施的普遍适用的法律、法规及行政决定，其核心是判定货物原产地的具体标准，即原产地标准。乌拉圭回合达成的《原产地规则协定》的宗旨是，成员以公正、透明、可预测和一致、中性的方式制定与实施原产地规则，使有关原产地规则的法律、法规和做法不对贸易造成不必要的障碍，以便利国际贸易的发展。

一、产生背景

货物的原产地是货物的“国籍”。在国际贸易实践中，产品的原产地通常为完整生产某项产品的国家或地区；当产品的生产涉及多个国家或地区时，产品的原产地是产品最后发生“实质性改变”的国家或地区。“实质性改变”一般是指，这种改变形成了一种完全不同的“新”产品。例如，以中国大陆的猪鬃和日本的木柄为原料，在香港生产木刷，按照“实质性改变”原则，这种木刷的原产地应为香港。因为与猪鬃和木柄相比，在香港进行的将木柄和猪鬃粘连的工序形成了一种完全不同的新产品——木刷，“实质性改变”的发生地在香港，木刷的原产地也就认定为香港。

长期以来，国际社会未能制定出一套协调一致的全球性原产地规则，而主要发达国家制定了多套不同的原产地规则。这些规则在反倾销、地区经济一体化及进口国别配额分配等方面，具有潜在的贸易保护作用，客观上对国际贸易形成阻碍，使得在国际范围内制定协调一致的原产地规则越来越重要。乌拉圭回合中，原产地规则问题被列为议题之一。

在乌拉圭回合的谈判后期，中国香港、日本、美国及欧洲共同体均就原产地规则及其多边协定提交了各自的建议。在此基础上，缔约方经过谈判，最终达成了《原产地规则协定》。这是第一个协调国际贸易中货物原产地规则的多边协定，适用于世界贸易组织的所有成员。

二、主要内容

《原产地规则协定》共分 4 个部分，由 9 个条款和 2 个附件组成。主要内容包括协定的适用范围，原产地规则的协调，实施原产地规则的有关纪律，机构设置等。

（一）适用范围

《原产地规则协定》只适用于有关实施非优惠性商业政策措施的原产地规则。具体包括实行最惠国待遇、反倾销和反补贴税、保障措施、原产地标记要求、任何歧视性数量限制或关税配额以及政府采购外国货物和贸易统计等所使用的原产地规则。

《原产地规则协定》不适用于优惠性原产地规则。优惠性原产地规则是指，成员为确定货物是否有资格享受优于最惠国待遇的关税而实施的原产地规则，如自由贸易区内和普惠制下所实施的货物原产地规则。

（二）原产地规则的协调

原产地规则协调的目标是，建立具有以下特征的原产地规则体系。

1. 同一原产地规则适用于所有非优惠性贸易政策。

2. 原产地规则应是客观的、可理解的和可预测的，且具有连贯性。

3. 原产地规则应以一致、统一、公正和合理的方式管理。

4. 原产地规则应以肯定性标准为基础，否定性标准可用以澄清肯定性标准。

根据《原产地规则协定》的规定和世界贸易组织的授权，从1995年开始，世界海关组织原产地规则技术委员会负责协调世界贸易组织成员非优惠性原产地规则的工作。按照《原产地规则协定》的要求，协调工作以商品类别为基础，即按协调编码制度税则目录中的类、章所代表的商品类别进行。对成员原产地规则中使用的“完全制造”和“最低程度的制造或加工”，原产地规则技术委员会应提出协调一致的定义；按“实质性改变”原则确定产品的原产地标准时，原产地规则技术委员会应研究和阐明如何使用税号的改变规则，必要时应阐明税号的最低改变；对采用协调制度税号仍不能描述“实质性改变”的产品，原产地规则技术委员会应仔细考虑和阐明如何以补充或专用的形式借助其他规定，如增值百分比要求，或制造与加工工序要求，来确定产品的原产地。

原产地规则技术委员会协调工作的结果，由世界贸易组织部长级会议予以采纳，这些结果以附件的形式作为《原产地规则协定》的组成部分，并于约定之日起生效。

《原产地规则协定》要求，原产地规则协调工作应在1995年7月1日至

1998年6月30日期间完成。但由于各成员利益不同，迄今仍未就每一货物的原产地标准达成一致，因此，目前尚处于过渡期间。

（三）过渡期间的纪律

在原产地规则协调工作计划完成之前的过渡期间，成员暂不实行《原产地规则协定》中有关同一原产地规则适用于所有非优惠性贸易政策的规定。

在过渡期间，成员应遵守以下纪律：

1. 明确、中性的原产地规则

目前，大多数国家或地区在对“实质性改变”原则作出具体解释时，通常采用税号改变、增值百分比、加工工序三个标准。

（1）税号改变标准，又称税则分类变化标准。指产品经加工制造成最终产品后，其税号与所用原材料的税号不同，此加工制造地即为该产品的原产地。例如，用其他国家或地区生产的零部件组装收音机，由于收音机与零部件的税号不同，收音机的组装地即为原产地。

（2）增值百分比标准。指根据构成产品的进口原料或国内原料与产品本身的价值比来确定产品的原产地。例如，一国可规定，当产品中月内增加的价值超过产品本身价值的30%时，这项产品的原产地就确定为该国。

（3）制造或加工工序标准。指依据产品的制造或加工工序来确定产品的原产地，这种制造或加工工序必须足以赋予产品某些本质特征。产品只有在一国或地区经历规定的制造或加工工序后，方可取得该国或地区的原产地资格。例如，某国可规定“缝制地”为服装的原产地。

过渡期间各成员发布各自的原产地规则，应具体列明所采用的原产地标准。如果采用税号改变标准。必须清楚地列明该规则所述的税则目录内的税号；如果采用增值百分比标准，必须详细地列明计算这一百分比率的方法；如果采用制造或加工工序标准，必须准确地列明能授予有关产品原产地资格的制造或加工工序。这些要求仅在过渡期内适用，过渡期后，各成员就应采用统一的协调后的原产地标准。

与此同时，原产地规则应为中性，即尽管原产地规则与政策措施或手段有联系，但各成员不得将原产地规则用作直接或间接地追求贸易目标的工具，来达到限制国际贸易的目的。

2. 肯定性原产地标准

《原产地规则协定》要求，各成员的原产地规则应以肯定性标准为基础。

肯定性标准是指，只要产品符合进口方原产地标准，就可授予产品原产地资格。与肯定性标准相对应的是否定性标准。否定性标准指在何种情况下不能授予产品原产地资格的规定。只有在作为对肯定性标准的部分澄清，或在无需使用肯定性标准确定原产地的个别情况下，才允许使用否定性标准。

3. 原产地的评定

《原产地规则协定》规定，应出口商、进口商或持有正当理由的任何人要求，各成员的主管机构应在接到原产地评定要求之日起的150天内，尽早公布对有关产品原产地的评定意见。评定意见的有效期一般为3年。

4. 行政行为的复议

任何与确定原产地有关的行政行为，均可由独立于原产地评定机构的司法、仲裁及行政庭或行政程序迅速进行复议。行政行为复议可以修改或推翻原评定意见。

（四）过渡期后的纪律

原产地规则协调工作计划一经完成，过渡期即告结束。在过渡期后，成员除应继续遵守过渡期间适用的基本原则外，还须遵守同一原产地规则适用于所有非优惠性贸易政策的规定。

（五）机构设置

根据《原产地规则协定》规定，世界贸易组织设立原产地规则委员会。该委员会由各成员代表组成，每年至少召开一次会议，审议协定的执行情况，并根据原产地规则协调工作的结果提出必要的修正建议。世界贸易组织秘书处行使原产地规则委员会秘书处的职责。同时，在世界海关组织设立原产地规则技术委员会，具体承担原产地规则方面的技术性工作，包括原产地规则的协调。世界海关组织秘书处行使原产地规则技术委员会秘书处的职责。

第四节 装运前检验协定

《装运前检验协定》的宗旨是，确保成员实施的装运前检验制度是非歧视和透明的，避免给贸易造成不必要的障碍。

一、产生背景

进口商或进口方政府通过专业检验机构对出口产品在装运前进行检验，以确信产品符合合同中规定的条件，或符合进口方对产品的安全要求。这已成为一种被普遍接受的国际贸易惯例。

一些国家实行的装运前检验制度，却与上述检验惯例不完全相同。这些国家指定专业检验机构，在进口产品装运前对产品的质量、数量、价格（包括汇率与融资条件）以及产品的海关分类等进行检验。其中审核价格，即检查产品的实际价格与申报价格是否相符，是这种装运前检验制度的核心内容。

实施这种装运前检验制度的有30多个发展中国家，这些国家海关力量薄弱，外汇短缺。为保障本国的财政利益，防止商业欺诈、逃避关税和非法输出资本，他们往往聘请外国专业检验机构，如瑞士通用公证行，对进口产品进行装运前检验，并以这些公司出具的“检验结果清洁报告书”，作为海关估价和发放进口用外汇的依据。

但是，出口方政府认为，进口方将检验机构出具的检验报告作为海关估价依据的这种做法，违反关税与贸易总协定有关海关估价应以进口货物的成交价格为基础的规定。同时，出口方政府担心装运前检验会增加贸易商的成本，并导致交货迟延；强行改变价格的做法，还会干涉买卖双方的合同关系，从而阻碍国际贸易的正常进行。因此，有必要通过多边谈判制定相关的纪律，规范进口方政府的做法。

此外，考虑到装运前检验机构是代表进口方政府在出口方从事检验，因而也有必要就装运前检验机构如何核实价格，出口商与装运前检验机构之间的争端如何解决等问题，制定相应的规则。

为解决上述问题，乌拉圭回合将装运前检验列为谈判议题之一。在谈判中，实施装运前检验制度的国家要求保留这一做法；其他参加方也注意到这些国家依赖装运前检验的现状，承认他们有必要实施这一制度，但要求装运前检验不应导致不必要的迟延，或使出口商受到不公平的待遇。最后参加方达成了《装运前检验协定》，该协定适用于世界贸易组织所有成员。

二、主要内容

《装运前检验协定》由9个条款组成。包括适用范围、进口方和出口方的义务、检验机构与出口商之间争端的解决以及成员之间争端的解决等。

（一）适用范围

《装运前检验协定》适用于由成员政府通过政府授权或政府合约的方式，指定检验机构对进口产品的质量、数量、价格（包括汇率与融资条件）以及产品的海关归类等，在出口方进行的所有装运前检验活动。

（二）进口方的义务

实施装运前检验制度的进口方应承担的义务，是《装运前检验协定》的核心内容。其中最重要的是进口方在价格审核方面应遵守的规则。这些规则基本上是针对装运前检验机构的，但由于世界贸易组织主要约束政府行为，所以进口方政府承担了“应确保”检验机构遵守这些规则的义务。

1. 非歧视地从事装运前检验活动。检验程序和标准应是客观的，且平等地适用于所有有关产品的出口商，所有检验人员都应按照相同的标准从事检验。

2. 有关检验活动应在出口方进行。装运前检验活动，包括出具或不出具“检验结果清洁报告书”，都应在产品的出口方进行，除非产品的性质很复杂以致无法在出口方进行，或者出口商和检验机构都同意，才可以在产品的制造地进行。

3. 检验产品质量和数量的标准应是买卖双方签订的购销合同中规定的标准。如合同中未作有关规定，则应采用相关的国际标准。

4. 价格审核应遵循以下规则。

（1）以合同价格为准。只有在根据下述（2）、（3）和（4）规定的标准审核了价格后，证明进口商和出口商约定的合同价格不能令人满意时，装运前检验机构才可拒绝接受合同价格。

（2）合理确定比较价格。检验机构审核价格时所用的比较价格，应是相同时间或大致相同时间来自同一个出口国家，以竞争性、可比性的销售条件，按照商业惯例销售，且扣除了任何标准折扣后的相同或类似产品的出口价格。

检验机构在使用这种出口价格时，应考虑进口国和比较国的相关经济因素，不应为了任意设定最低价格而以出口到不同国家的产品价格作为比较价格。检验机构确定比较价格时，不能使用进口国生产产品在其国内的销售价格，不能使用来自另一出口国的产品价格，不能参考进口产品的生产成本，也不能采用任意或虚构的价格。

（3）按合同双方约定的运输方式审核运输费。在审核运输费时，检验机构不能对合同中标明的运输方式提出质疑，只应审核买卖双方约定的，在销售合同中标明的运输方式的价格。

（4）审核价格应考虑其他因素。在审核价格时，检验机构还应适当考虑销售合同条件，以及公认的与进出口交易有关的各种调整因素，如销售数量、交货期和交货条件、价格调整条款、质量规格、特殊设计风格、特殊装运或包装规格、订单的大小、季节影响、许可使用费或其他知识产权使用费等。同时，也应考虑影响出口价格的其他因素，如出口商和进口商之间的合同关系等。

5. 保持装运前检验的透明度。

（1）进口方应公布所有有关装运前检验的法律、法规及其变化，使其他成员政府和贸易商知晓该成员有关装运前检验的规定。进口方还应将这些法律、法规及其变化及时通知世界贸易组织。

（2）检验机构应将与装运前检验有关的要求和信息全部告知出口商。包括进口方的有关法律、法规，有关检验、价格审核和汇率审核的程序与标准，出口商享有的有关权利，检验机构内部设立的投诉程序等。

6. 应避免产生不必要的迟延。

（1）装运前检验应在检验机构与出口商约定的日期进行，除非出口商妨碍检验机构按期检验，或由于不可抗力而不能按期检验。

（2）检验机构应在结束装运前检验的 5 天内，出具一份“检验结果清洁报告书”，并将该报告尽快送达出口商或其所指定的代表。如果检验机构不出具这样的报告，则应向出口商提供详细的书面解释，出口商可以提出书面的复检要求，检验机构应尽早进行复检。

（3）只要出口商提出请求，检验机构应在实际检验日期前，根据出口商与进口商之间签订的合同、形式发票和有关的进口许可申请书，对价格或汇率进行初步核实。如果经初步核实，检验机构接受了有关价格或汇率，则进口国应接受这种价格或汇率，除非产品不符合进口许可证或进口单证的要求。

7. 检验机构应保守商业秘密。

对装运前检验过程中收到的所有未公布且未被第三方获得，或未以其他方式进入公用领域的信息，检验机构应视其为商业秘密。检验机构不应要求出口商提供下列信息：

（1）制造数据。包括有专利权或即将获得专利的工艺，未公开的工艺，被许可使用的工艺等。

（2）未公开的技术数据。但必要的用以表明符合有关技术法规或标准的数据除外。

（3）内部定价（包括制造成本）。

（4）利润水平。

（5）出口商与供应商之间订立的合同条件。

（三）出口方的义务

《装运前检验协定》对出口方规定了有限的义务。

1. 出口方应保证其有关装运前检验的法律、法规以非歧视的方式实施。

2. 出口方应及时公布有关装运前检验的法律、法规。

3. 如进口方提出请求，出口方应根据双方议定的条件，向其提供有关技术援助。

（四）检验机构与出口商之间争端的解决

如果检验机构和出口商之间发生争端，世界贸易组织鼓励双方首先通过相互协商的方式解决。检验机构应在设有检验办公室的每个城市或港口设置专门人员，在办公时间受理和处理出口商的投诉。

若出口商提出投诉两天后争端仍未解决，则应根据《装运前检验协定》规定的独立审议程序来解决。由分别代表检验机构和出口商的组织联合建立一个独立实体，负责独立审议程序的运作。代表检验机构的是国际检验机构联合会，代表出口商的是国际商会。

1995 年 12 月，世界贸易组织总理事会通过决定，在世界贸易组织内建立一个解决检验机构与出口商之间争端的独立实体。该独立实体作为货物贸易理事会的附属机构，由世界贸易组织秘书处人员担任工作人员。独立实体拥有一份专家组成员名单，包括国际检验机构联合会提名的一组专家，国际商会提名的一组专家，独立实体提名的一组中立的贸易专家。

争端双方都可以将有关争端提交独立实体审议。应当事方请求，独立实体应成立由三人组成的专家组审议争端。这三个人应分别从上述三组专家中选出，并由中立的贸易专家担任主席。专家组应在当事方提出独立审议要求后的 8 个工作日内作出决定，该决定对争端双方都具有约束力。有关费用根据争端解决结果的具体情况由当事方承担。

如争端双方同意，独立实体亦可选定一名中立的贸易专家审议争端。该专家应作出必要的决定，以保证迅速解决争端。

（五）成员之间争端的解决

成员之间有关《装运前检验协定》实施产生的争端，应通过世界贸易组织正常的争端解决程序解决。

《装运前检验协定》没有关于机构设置的规定。该协定由货物贸易理事会直接实施监督，由部长级会议每三年审议一次。部长级会议可根据实践经验，对《装运前检验协定》进行修正。

第五节 与贸易有关的投资措施协定

《与贸易有关的投资措施协定》的宗旨是，防止某些投资措施可能产生的贸易限制和扭曲，便利国内外投资，促进国际贸易发展。投资措施一般是指，为了促使外国投资者达到某种业绩标准而采取的政策。

一、产生背景

20 世纪 80 年代中期以来，以发达国家跨国公司为主体的跨国直接投资规模和领域迅速扩大，发展中国家成为跨国公司实施全球发展战略的重要地区。面对跨国公司大规模的投资，绝大部分发展中国家担心本国产业、企业、市场受到过大的冲击。借鉴发达国家以往的做法，发展中国家从本国的实际情况出发，纷纷研究制定了有关投资的政策和法规。同时，部分发达国家出于增强企业竞争力的考虑，也有选择地保持和制定了保护本国企业的投资措施。虽然发达国家和发展中国家制定的投资措施各不相同，但有一个共同点，即大部分投资措施是限制进出口，特别是限制进口的与贸易有关的投资措施。

鉴于世界各国采取的投资措施对国际贸易的发展具有越来越大的影响，乌拉圭回合将与贸易有关的投资措施问题列入了谈判议程。但各方在谈判中存在明显的分歧。

美国、日本等少数发达国家要求，与贸易有关的投资措施谈判应包括尽可能多的内容，从而为外国资本的流动，特别是向发展中成员境内流动创造便利条件。美国最先提出的与贸易有关的投资措施清单包括 13 项内容，即当地含量要求、贸易平衡要求、外汇平衡要求、外汇管制、国内销售要求、当地生产要求、出口实绩要求、产品授权要求、生产限制、技术转让要求、许可要求、汇款限制、股比限制。

对投资措施问题谈判，大部分发展中国家并不积极，担心会削弱自身的经济主权。因此，他们坚持纳入谈判的投资措施只能是与“贸易有关的”，并应严格按照谈判启动时所规定的谈判目的和范围进行。还有一些发展中国家提出，应将跨国公司非正当竞争的行为，如转移定价、市场垄断等，列入谈判议题。

经过艰苦的谈判，乌拉圭回合最终达成了《与贸易有关的投资措施协定》，该协定适用于世界贸易组织所有成员。

《与贸易有关的投资措施协定》是谈判各方妥协的结果。美国最早提出的13种与贸易有关的投资措施，只有5种作为附件内容被列入该协定；发展中国家提出的限制跨国公司非正当竞争行为的要求，未被列入该协定。

二、主要内容

《与贸易有关的投资措施协定》由9个条款和1个附件组成。该协定涉及的范围有限，仅对各成员制定的投资措施中涉及货物贸易进出口的部分做了界定和限制。协定的主要内容包括：基本原则、禁止使用的与贸易有关的投资措施、各成员的具体义务、例外条款、发展中成员待遇、透明度要求、争端解决及管理执行机构等。

（一）基本原则

《与贸易有关的投资措施协定》规定，各成员实施与贸易有关的投资措施，不得违背《1994年关税与贸易总协定》中的国民待遇原则和取消数量限制原则。该协定附有一份例示清单，具体列举了5种违反上述原则的与贸易有关的投资措施。无论这些投资措施是针对外国投资企业的，还是针对成员本国企业的，都要受《与贸易有关的投资措施协定》约束。

（二）禁止使用的与贸易有关的投资措施

《与贸易有关的投资措施协定》附件例示清单中所列举的与贸易有关的投资措施，可以表现为法律、法规形式，也可以表现为政府的行政裁决形式，还可以是要求外国投资企业必须达到一些业绩标准（如一定比例的国产化率）才能获得某种优惠（如税收优惠）的政策措施。

1.《与贸易有关的投资措施协定》列举了两种违反国民待遇原则的与贸易有关的投资措施形式。

（1）要求企业购买或使用最低限度的国产品或任何国内来源的产品。具体表现是，规定有关国产品的具体名称，规定企业购买或使用国产品的数量或金额，规定企业在生产中必须使用的有关国产品的最低比例。这种形式的投资措施通常被称为“当地含量要求”。许多成员要求外国投资企业的产品必须达到一定的国产化比例，就属于这种情况。

（2）要求企业购买或使用的进口产品数量或金额，以企业出口当地产品的数量或金额为限。这种形式通常被称为“贸易平衡要求”。一些成员要求外国投资企业的进口额不能大于其出口额，就属于这种情况。

2.《与贸易有关的投资措施协定》列举了三种违反普遍取消数量限制原则的与贸易有关的投资措施形式。

（1）总体上限制企业当地生产所需或与当地生产相关产品的进口，或要求企业进口产品的数量或金额以出口当地产品的数量或金额为限。

（2）将企业可使用的外汇限制在与该企业外汇流入相关的水平，以此限制该企业当地生产所需或与当地生产相关产品的进口。

（3）限制企业出口或供出口的产品销售。如规定有关限制出口的产品的具体名称，规定限制企业出口产品的数量或金额，规定限制企业出口产品的数量或金额占该企业当地生产的产品数量或金额的比例。

（三）成员的具体义务

成员在《建立世界贸易组织协定》生效后90天内，将所有正在实施的、且同《与贸易有关的投资措施协定》不相符的投资措施，通知世界贸易组织货物贸易理事会。

《与贸易有关的投资措施协定》规定，自该协定生效起，发达成员应在2年过渡期内取消已向货物贸易理事会通知的与贸易有关的投资措施，发展中成员有5年过渡期，最不发达成员有7年过渡期；在过渡期内，各成员可以继续实施已经通知的与贸易有关的投资措施，但不得进行修改，以避免增加对贸易的扭曲；成员在《建立世界贸易组织协定》生效前6个月内已实施的与贸易有关的投资措施，不能享受过渡期的待遇。

成员在过渡期内设立的新企业，也可受到仍然有效的与贸易有关的投资措施的约束，以避免形成对同类新、老企业或同类产品的差别待遇，导致不公平竞争。对新投资企业实施的与贸易有关的投资措施，亦应通知货物贸易理事会。

对于上述义务，发展中成员和最不发达成员可以享受一定的灵活性。具体表现在，发展中成员和最不发达成员如果能证明实施《与贸易有关的投资措施协定》存在特殊的困难，货物贸易理事会可以考虑延长其过渡期。

（四）例外条款

《1994年关税与贸易总协定》规定的所有例外，可酌情适用于《与贸易有关的投资措施协定》。

（五）发展中成员待遇

发展中成员有权暂时背离《与贸易有关的投资措施协定》中有关国民待遇原则和普遍取消数量限制原则的规定，但其背离的程度及采取的方式，应遵守《1994 年关税与贸易总协定》第 18 条“政府对发展经济的支助”，《关于 1994 年关税与贸易总协定国际收支条款的谅解》，以及东京回合通过的《关于为国际收支目的而采取的贸易措施宣言》中有关允许成员背离国民待遇和普遍取消数量限制的规定。

（六）透明度要求

《1994 年关税与贸易总协定》有关透明度和通知的规定，也适用于与贸易有关的投资措施。成员应将其刊载与贸易有关的投资措施的出版物，通知世界贸易组织秘书处。这些出版物中刊载的内容，应包括成员领土内各级政府实施的与贸易有关的投资措施。

成员可不披露会导致妨碍执法、违背公众利益或损害特定企业合法商业利益的信息。

（七）争端解决

《1994 年关税与贸易总协定》第 22 条、第 23 条和《关于争端解决规则与程序的谅解》的规定，适用于《与贸易有关的投资措施协定》实施中产生的争端。有关争端均可提交世界贸易组织争端解决机制处理。目前实施《与贸易有关的投资措施协定》所产生的争端不多，一般都是发达成员针对发展中成员提出的，而且并非所有案例都进入专家组最后裁决阶段。例如，美国曾就巴西的汽车产业政策提出磋商，最终通过双边协定的办法予以解决。

（八）管理执行机构

根据《与贸易有关的投资措施协定》，世界贸易组织设立与贸易有关的投资措施委员会。该委员会负责每年向货物贸易理事会报告《与贸易有关的投资措施协定》的执行情况。货物贸易理事会在该协定生效 5 年内审议有关执行情况，并酌情向部长级会议提出修正建议。

第九章　贸易救济措施协定

为维护公平贸易和正常的竞争秩序，世界贸易组织允许成员在进口产品倾销、补贴和过激增长等给其国内产业造成损害的情况下，可以使用反倾销、反补贴和保障措施手段，保护国内产业。

反倾销、反补贴和保障措施，都属于贸易救济措施。反倾销和反补贴措施针对的是价格歧视和某些补贴行为，保障措施针对的则是进口产品激增的情况。本章对乌拉圭回合达成的《反倾销协定》、《补贴与反补贴措施协定》和《保障措施协定》，分别进行介绍。

第一节　反倾销协定

世界贸易组织法律框架下的《关于实施〈1994 年关税与贸易总协定〉第 6 条的协定》，又称《反倾销协定》，是关于反倾销的规定。该协定是在《1947 年关税与贸易总协定》第 6 条基础上逐步演变而来的。只要不与《反倾销协定》相冲突，《1947 年关税与贸易总协定》第 6 条的规定仍然有效。《反倾销协定》约束各成员的反倾销行为，以保证采取反倾销措施的规范性。

一、产生背景

倾销一般是指一国出口商以低于产品正常价值的价格，将产品出口到另一国市场的行为。产品倾销在国际贸易中由来已久，可追溯到 20 世纪初。倾销行为一出现，就被一些国家认为是不公平的贸易做法，并通过立法采取反倾销措施予以抵制，以保护国内相关产业。

加拿大 1904 年《海关关税法》，在世界上首次系统地规定了反倾销措施。此后，新西兰、澳大利亚、荷兰、南非、美国等国家相继通过立法，抵制外国产品倾销。1948 年之前，反倾销立法基本限于国内法的范畴，缺乏统一、完善的国际规则。为了将反倾销措施限制在合理的范围和程度之内，协调国与国之间的立法冲突，减少和消除贸易壁垒，推动国际贸易自由化，各国开始谋求将反倾销措施纳入多边贸易体制。

在起草《国际贸易组织宪章》和《1947 年关税与贸易总协定》的过程中，美国以其国内法为范本，提出了反倾销条款草案。在此基础上，有关缔约方达成了一致意见，在《1947 年关税与贸易总协定》中专设第 6 条“反倾销与反补贴税”，第一次将反倾销纳入多边贸易规则的范围。该条款明确了倾销的基本定义，对倾销予以谴责，允许各国对倾销进行抵制。但是，《1947 年关税与贸易总协定》第 6 条只是一些原则性规定，缺乏可操作性。

在肯尼迪回合中，有关缔约方首次就实施《1947 年关税与贸易总协定》第 6 条达成了协定。该协定重新定义倾销，明确了实质损害标准，并对反倾销诉讼程序做了规定，进一步发展和充实了《1947 年关税与贸易总协定》第 6 条的内容。该协定是肯尼迪回合在非关税壁垒领域达成的唯一正式协定，但签署方有限，不具备普遍约束性。

在肯尼迪回合的基础上，东京回合对反倾销规则做了重大修改和补充，达成《反倾销守则》，取代了肯尼迪回合的有关协定，并于 1980 年 1 月 1 日起生效。《反倾销守则》仅有 23 个签署方，约束范围也很小。

为推动缔约方普遍接受反倾销规则，促进反倾销措施公正实施，避免反倾销措施被滥用来对国内产业实行长期保护，乌拉圭回合仍将反倾销列为重要议题。该轮谈判对《反倾销守则》进行了较大调整，就倾销和损害的认定、调查程序及证据原则等做了较为详细的规定，以确保《1947 年关税与贸易总协定》第 6 条确立的核心原则得到正确实施。经过多次磋商，最终达成《关于实施〈1994 年关税与贸易总协定〉第 6 条的协定》，即《反倾销协定》。

从世界贸易组织成立至 2010 年年底，成员发起反倾销调查案件 3853 起。其中，绝大部分由发达成员发起，发展中成员的出口产品是这些反倾销案的主要对象。

二、关于反倾销的实体性规定

《反倾销协定》的实体性规定，主要包括实施反倾销措施的基本要件、反倾销措施、反倾销税的征收和价格承诺等。

（一）实施反倾销措施的基本要件

实施反倾销措施必须具备的三个基本要件是：倾销，损害，倾销与损害之间的因果关系。

1. 倾销的确定

《反倾销协定》第2条明确界定了倾销的含义。倾销是指，一项产品的出口价格，低于其在正常贸易中出口国供其国内消费的同类产品的可比价格，即以低于正常价值的价格进入另一国市场。

（1）正常价值的确定

产品正常价值的确定有三种方法：一是按正常贸易过程中出口国国内销售价格；二是按出口国向第三国正常贸易中的出口价格；三是按结构价格。一般情况下，应优先采用第一种方法。只有在不能采用第一种方法时，才能采用第二或第三种方法。

正常贸易过程中出口国国内销售价格，一般是指被指控出口产品的同类产品在调查期内（通常是1年至1年半），国内市场正常贸易中的成交价（包括批发价格），或销售牌价，或一段时间内的加权平均价。以出口国国内销售价格确定正常价值，下列情况例外：

第一，出口国国内市场的正常贸易中，不存在被指控产品的同类产品的销售。

第二，虽然被指控产品的同类产品在出口国国内市场有销售，但由于特殊的市场情形不允许作适当的价格比较，如某种情况下的关联企业之间销售或低于成本销售。

第三，虽然被指控产品的同类产品在出口国国内市场有销售，但如果“销售量低”，也不允许作适当比较。《反倾销协定》就“销售量低”做了界定。如果被调查产品的同类产品在出口国供消费的数量，等于或超过该产品向进口方销售的5%，则该数量视为足以作为确定该出口产品正常价值的销售数量。也就是说，在一般情况下，5%是确定“销售量低”的数量界限。但是，如果有证据表明较低比例的国内销售仍属于进行适当比较的足够数量，则可以不以5%为限。

出口国向第三国正常贸易中的出口价格，是指出口到适当的第三国的可比价格。选用向第三国的出口价应考虑如下因素：产品具可比性；向所有第三国销售的同类产品价格中的较高价格；向第三国的销售做法与向反倾销调查国销售此类产品的做法相类似；向第三国的销售价不能低于产品成本；向第三国的出口量一般不低于出口到反倾销调查国市场总量的5%。

结构价格是根据同类产品在原产国的生产成本（包括实际消耗的原材料、折旧、能耗和劳动力等费用），加上合理的管理费、销售费、一般费用和利润确定的。

（2）出口价格的确定

出口价格是指在正常贸易中一国向另一国出口某一产品的价格，也就是出口商将产品出售给进口商的价格。在特定情况下，如果不存在出口价格，或是出口价格因进出口商有关联关系等原因不可靠时，可在进口产品首次转售给独立买主的价格基础上推定出口价格。如果该产品不是转售给独立买主，或不是以进口时的状态或条件转售，则进口方可以在合理的基础上确定出口价格。

（3）倾销幅度的确定

倾销幅度是对正常价值和出口价格进行适当的比较后确定的。

正常价值和出口价格是两个不同市场的销售价格，不仅在贸易环节上存在差异，其交易水平和渠道也各不相同。因此，在比较这两个数据之前必须进行必要的调整，使之具有可比性。调整主要考虑如下因素：相同的贸易水平，通常倒推至出厂前的价格水平；尽可能是在相同时间进行的销售；影响价格可比性的差异，包括销售条件、税收、销售数量和产品的物理特征等方面的差异；转售的费用；汇率；产品的同类性等。

比较正常价值和出口价格的方法有三种。

第一，加权平均的正常价值同所有可比出口交易的加权平均价格进行比较。

第二，正常价值与出口价格以逐笔交易为基础进行比较。

第三，如果因进口商、进口地或进口时间的不同，出口价格差异较大，而且进口方主管机构因这类差异不能使用上述两种方法进行比较，并对此作出解释说明，进口方可以用在加权平均基础上确定的正常价值与每笔交易的出口价格进行比较。

《反倾销协定》再次重申了《1947 年关税与贸易总协定》对第 6 条第 1 款第 2 项的补充规定。在进口产品来自贸易被完全或实质性垄断的国家，且所有国内价格均由国家确定的情况下，进行价格比较可能存在特殊困难，这时进口方可能认为与此类国家的国内价格进行严格比较不一定适当。但是,《反倾销协定》没有明确规定在这种情况下如何进行价格比较。在实践中,该款的规定往往被一些进口方利用,成为使用特殊方法判断来自“非市场经济体制国家”产品正常价值的借口。比如,选择产品成本大大高于出口国的第三国作为替代国进行价格比较,这常常导致歧视性的反倾销政策。

2. 损害的确定

《反倾销协定》中的损害分三种情况:一是进口方生产同类产品的产业受到实质损害;二是进口方生产同类产品的产业受到实质损害威胁;三是进口方建立生产同类产品的产业受到实质阻碍。

(1)实质损害

实质损害指对进口方国内生产同类产品的产业造成实质性的重大损害。对实质损害的确定应依据肯定性证据,并应审查以下内容:

第一,进口产品倾销的数量情况。包括调查期内被控产品的进口绝对数量,或相对于进口方国内生产或消费的相对数量,是否较此前有大量增长。

第二,进口产品的倾销对国内市场同类产品价格的影响。包括调查期内是否使进口方同类产品的价格大幅下降,或在很大程度上抑制价格的上涨,或本应该发生的价格增长。

第三,进口产品的倾销对国内同类产品、产业产生的影响。应考虑和评估所有影响产业状况的有关经济因素和指标,包括销售、利润、产量、市场份额、生产率、投资收益或设备利用率的实际和潜在的下降;影响国内价格的因素;倾销幅度的大小;对流动资金、库存、就业、工资、增长率、筹措资本或投资能力的实际和潜在的消极影响等。

(2)实质损害威胁

实质损害威胁指进口方的有关产业虽尚未受到实质损害,但可以明显预见倾销将对相关产业造成实质性损害,且这种情形非常迫近。对实质损害威胁的确定应依据事实,而不是依据指控、推测或极小的可能性。

(3)产业建立受阻

产业建立受阻指进口产品的倾销阻碍了新产业的实际建立过程,而不是阻碍建立一个新产业的设想或计划。产业建立受阻的确定必须有充分的证据。

(4)损害的累积评估

《反倾销协定》规定,在一定条件下,进口方可以累积评估从不同来源进口的倾销产品对本国产业的影响。这些条件是：

第一，来自每个国家的产品的倾销幅度超过了2%，即超过了“最低倾销幅度”。

第二，来自每个国家的倾销产品的进口量并非可忽略不计，一般来讲是指高于进口方对该类倾销产品进口总量的3%；或者几个出口国各自所占份额虽低于3%，但他们的总和超过进口方进口该倾销产品总量的7%。

第三，根据进口产品之间的竞争条件及进口产品与国内同类产品之间的竞争条件，对进口产品所作的累积评估是适当的。

3. 倾销与损害之间因果关系的认定

《反倾销协定》规定，进口方主管机构应审查除进口倾销产品以外的、其他可能使国内产业受到损害的已知因素。这些因素包括：

（1）未以倾销价格出售的进口产品的价格及数量。

（2）需求萎缩或消费模式的改变。

（3）外国与国内生产商之间的竞争与限制性贸易做法。

（4）技术发展、国内产业的出口实绩及生产率等。

但是，进口方主管机构审查的已知因素不限于上述因素。进口方主管机构应调查、审议其他方面的因素，并分析其对产业损害的影响，并且不应把这些因素造成的产业损害归咎于进口产品倾销。

这里需要特别说明，《反倾销协定》中的“国内产业”具有特定含义。国内产业的范围应为国内同类产品的全部生产商，或是其产品合计总产量占全部国内同类产品产量的相当部分的那些生产商。但如果生产商与出口商或进口商是关联企业，或者该生产商本身就被指控为倾销产品的进口商，则可以不计算在内。

（二）反倾销措施

反倾销措施包括临时反倾销措施和最终反倾销措施。

1. 临时反倾销措施

临时反倾销措施是指，进口方主管机构经过调查，初步认定被指控产品存在倾销，并对国内同类产业造成损害，据此可以在全部调查结束之前，采取临时性的反倾销措施，以防止在调查期间国内产业继续受到损害。

临时反倾销措施有两种形式：一是征收临时反倾销税；二是要求进口商自裁决之日起，提供与临时反倾销税数额相等的现金保证金或保函。

进口方主管机构应自反倾销案件正式立案调查之日起60天后，才能采取临时反倾销措施。这种措施的实施时间应尽可能短，一般情况下不得超过4个月，特定情况下可以延长到6~9个月。

2. 最终反倾销措施

在全部调查结束后，如果有充分的证据证明被调查的产品存在倾销，国内生产同类产品的产业受到损害，且倾销与损害之间有因果关系，则进口方主管机构可以采取最终反倾销措施。最终反倾销措施采取征收反倾销税的形式。

（三）反倾销税的征收

反倾销税是指在正常海关税费之外，进口方主管机构对倾销产品征收的一种附加税。反倾销税的税额不得超过所裁定的倾销幅度。

除达成价格承诺的产品，进口方主管机构应在非歧视的基础上，对所有造成损害的倾销产品征收反倾销税，但要根据每一个案件的不同情况，征收不同的、适当的反倾销税。

反倾销税的纳税义务人是倾销产品的进口商，出口商不得直接或间接替进口商承担反倾销税。初裁时的反倾销税率与终裁的税率不同时，其不足部分不再补交，而多交部分则应退还。

除非进口方主管机构以复审方式决定继续维持反倾销税，反倾销税的征收应自决定征收之日起不超过5年。

（四）价格承诺

价格承诺是指，被控倾销产品的生产商和出口商与进口方主管机构达成协议，出口商提高价格以消除产业损害，进口方相应地中止或终止案件调查。从实际效果讲，价格承诺也属于反倾销措施的一种形式。

《反倾销协定》规定，如任何出口商就修改出口价格，或停止以倾销价格向所涉地区出口，向进口方主管机构作出令人满意的自愿承诺，并使主管机构确信倾销的损害性影响已经消除，则主管机构可以中止或终止调查程序，而不采取临时反倾销措施或征收反倾销税。价格承诺协定对承诺者的出口价格进行限制，并通过定期核查等手段对其进行监督。

《反倾销协定》对缔结价格承诺协定的时间、条件及协定的终止作出了明确规定。

1. 缔结协定应在进口方主管机构已经做了肯定性的倾销和损害的初步裁决后。

2. 如进口方主管机构认为其接受出口商的价格承诺实际上不可行，如实际或潜在的出口商数量过大，或者其他原因，则可以不接受出口商的价格承诺要求。

3. 价格承诺可由进口方主管机构提出，但不得强迫出口商接受。

4. 价格承诺被接受后，应出口商的请求或进口方主管机构决定，可以继续完成倾销和损害的调查。如果关于倾销和损害的调查结论是否定的，则价格承诺自动失效；如结论是肯定的，价格承诺应按照规定继续有效。

5. 如果出口商违反了价格承诺协定，则进口方主管机构可以根据有关规定迅速采取行动，包括根据可获得的最佳信息立即实施临时反倾销措施，并可立即追溯征收反倾销税。

三、实施反倾销措施的基本程序

（一）申请人申请

一般情况下，反倾销调查应基于申请人的申请而开始。为保证申请人的产业代表性，《反倾销协定》除了规定对国内产业的一般理解外，还规定了进口方主管机构应对产业的代表性进行审核。《反倾销协定》进一步规定，在表明支持或反对立案申请的企业中，若支持者的集体产量占支持者和反对者总产量的50%以上，且支持者的集体产量不低于国内同类产品生产总量的25%，这些支持者应被认为可代表该产业提出申请。

申请必须以书面形式提出，内容应包括倾销、损害及因果关系的有关材料，缺乏证据的简单判断不能满足立案的要求。

（二）进口方主管机构审查立案

进口方主管机构应审查申请人提供的申请材料的准确性和充分性，以及申请企业的代表性，以便判定是否有足够的证据证明立案调查是适当的，并就立案问题作出决定。

（三）反倾销调查

进口方在正式决定立案调查后，应立即发布立案公告。公告应载明出口国的名称、涉及的产品、开始调查的日期、申请书声称倾销的依据和损害存在的概要说明。一般情况下，反倾销调查应在1年内结束，最长不得超过从调查开始之后的18个月。

1. 在调查开始后，如存在下列情况，反倾销调查应尽快终止。

（1）无充分证据证明存在倾销或产业损害，或者两者之间没有因果关系。

（2）倾销幅度，或倾销产品的进口数量，或产业损害是可忽略不计的。

2. 调查的参与。公告发布后，被控产品的出口商、生产商或其他利害关系方，有权要求参与反倾销调查，陈述自己的观点和意见。

3. 听证会及其他申辩机会。初裁之后，进口方主管机构将会利用各种机会，进一步核实涉诉双方提供的证据材料，包括举行听证会，听取评论意见及实地核查。

4. 快速审议。对于反倾销调查期间未出口被控产品的厂商，如其在反倾销征税命令有效期间出口相同或相似产品，进口方应采取"快速审议"的办法来确定这些厂商的单独的反倾销税率。

5. 追溯征税。指对那些在临时措施适用之前90天内进入消费领域的产品，追溯征收最终反倾销税。追溯征税的条件是：

（1）被控产品存在造成损害的倾销的历史记录，或者进口商知道或理应知道出口商在实施倾销，并且该倾销会造成损害。

（2）损害是由于在相当短的时期内倾销产品的大量进入造成的。

（四）行政复审和司法审议

1. 行政复审

征收反倾销税是以抵消倾销造成的损害为最终目的。一旦有证据证明倾销所造成的损害已经被抵消，或损害程度有所减轻，或出现了新的影响征税的情况，则反倾销税也应相应取消或变更。为此，《反倾销协定》赋予了利害关系方向进口方主管机构申请复审的权利。当然，进口方主管机构也有主动提起复审的权利。这种复审统称为行政复审。

行政复审主要是就继续征收反倾销税的必要性进行审查，以及论证损害是否会因取消或变更反倾销税而重新发生。如经论证继续征收反倾销税或按照原税率征收反倾销税是不合理的，则应终止或减少征收反倾销税。

实践中，复审的形式有年度复审、新出口商复审、情势变迁复审、中期复审和日落复审等多种形式。复审的程序一般与反倾销调查程序相同。价格承诺的复审程序，大体与征收反倾销税的复审程序相同。

2. 司法审议

为保证各成员公正实施反倾销措施，《反倾销协定》规定，各成员在其国内的反倾销法律中应包含司法审议机构及程序。对最终裁决和行政复审决定等行政行为，利害关系方可以要求通过司法、仲裁或行政法庭按照程序迅速进行审议。这类法庭、仲裁、行政法庭及程序，应完全独立于作出裁决或复审决定的行政主管机构，保持其独立性。采取何种形式的司法审议方式，由各成员自行决定。

四、其他规定

（一）证据要求及对利害关系方信息的处理

《反倾销协定》规定，进口方主管机构有权要求各利害关系方提供与调查有关的证据材料，并应给予其充分的提供信息的机会。有关证据方面的要求如下：

1. 给予利害关系方提供证据的机会。进口方主管机构应将所要求的信息通知所有利害关系方，并给予其充分的机会以书面形式提出与调查有关的所有书面证据。

2. 利害关系方应有充分的辩护机会。

3. 进口方主管机构为利害关系方的陈述提供帮助和方便。进口方主管机构应在保密和可行的情况下，使所有利害关系方了解与案件陈述有关的、主管机构在反倾销调查中使用的所有信息，使其在此基础上准备陈述。

4. 对任何机密信息，进口方主管机构应按照机密信息处理。

5. 核实信息。为核实有关信息的可靠性及有关细节，经有关企业和所涉成员政府代表的同意，进口方主管机构可根据需要在涉案企业的领土内进行核查。

6. 对不当信息或关系方不合作的处理。在调查中，进口方主管机构应保证使用信息的准确性。若任何利害关系方不允许使用信息，或未在合理时间内提供信息，或存在严重妨碍调查的行为，进口方主管机构有权利用在事实基础上获得的其他信息资料进行裁决。

7. 裁决基本事实的披露。终裁前，进口方主管机构应将拟实施的最终反倾销措施依据的基本事实，通知所有利害关系方，并使各方有充分的时间为其利益进行辩护。

8. 抽样调查。进口方主管机构应依据不同的生产商、出口商提供的信息材料，裁决不同的倾销幅度。但如果生产商和出口商很多，或所涉及的产品种类数量很多，分别给予每一个涉案企业单独的倾销幅度不现实，进口方主管管机构可以采取抽样的方法审查合理数量的企业及产品，或者根据涉案成员出口数量的最大百分比确定合理的调查范围。

9. 进口方主管机构应给受影响的工业用户及有代表性的消费者提供机会，以便其了解有关倾销、损害及因果关系的信息。

（二）关于发展中成员的特别规定

《反倾销协定》规定，在考虑实施该协定项下的反倾销措施时，发达成员应对发展中成员的特殊情况给予特别注意。在实施会影响发展中成员根本利益的反倾销措施之前，发达成员应探讨采用该协定规定的其他建设性救济措施的可能性。但在《反倾销协定》中，没有详细规定对发展中成员的特殊优惠，只是象征性地规定发达成员应注意发展中成员的根本利益及建设性救济的可能性。

（三）反倾销措施委员会及其职能

为保障《反倾销协定》的实施，世界贸易组织专门设立了反倾销措施委员会。该委员会由各成员代表组成，可以酌情设立附属机构。该委员会每年至少召开两次会议，也可应任何成员要求召开会议。

反倾销措施委员会履行《反倾销协定》项下或各成员指定的职责，并应向各成员就《反倾销协定》的实施，以及促进该协定目标实现的任何事项，提供磋商机会。

该委员会及其附属机构履行职责时，经有关成员和有关企业的同意，可向其认为适当的任何信息来源进行咨询和寻求信息。

各成员应将负责调查反倾销的机构、立案和调查的国内程序通知反倾销措施委员会。各成员应尽快向该委员会报告其采取的临时反倾销措施和最终反倾销措施，并应每半年向委员会报告一次前 6 个月采取的反倾销行动的情况。

（四）磋商和争端解决

任何成员采取反倾销措施，影响了其他成员的利益，可以通过反倾销的磋商和争端解决途径寻求解决。《反倾销协定》规定，除该协定另有规定外，世界贸易组织的争端解决机制同样适用于反倾销。

1. 如果一成员认为进口方实施反倾销措施，使其从世界贸易组织协定项下直接或间接获得的利益受到减损或丧失，或该项措施妨碍了任何协定目标的实现，则该成员可以以书面形式要求与有关的一个或多个成员进行磋商，以寻求各方满意的解决办法。每一成员应对另一成员提出的磋商要求给予积极的考虑，并应提供充分的磋商机会。

2. 如果磋商不能达成满意结果，且进口方的主管机构已经采取最终措施或接受价格承诺，则该成员可以将争端提交争端解决机构处理。如果一出口方成员认为进口方成员所采取的临时反倾销措施，违反了《反倾销协定》的有关规定，则也可将之提交争端解决机构处理。

3. 在受影响的成员请求下，争端解决机制应设立专家组就该成员的请求进行审查。世界贸易组织《关于争端解决规则与程序的谅解》，同样适用于《反倾销协定》项下的磋商和争端解决。

4. 专家组对保密信息负有保密义务。

五、《反倾销协定》对调查的补充要求

为使进口方主管机构公正、透明地进行反倾销调查，《反倾销协定》还通过两个附件对该协定的内容进行了补充，使实地核查和采用最佳可用信息方面更加规范。

（一）进口方主管机构的实地核查

《反倾销协定》附件一对进口方主管机构到有关涉案企业进行核查的程序，做了详细规定。主要包括：

1. 立案调查后的适当时间，进口方主管机构应将实地核查的意向通知该企业所在国家的主管机构和已知的有关公司，并应得到有关方面的同意。

2. 若核查组中包括非政府专家，也应通知上述有关方面。

3. 一般情况下，核查应在收到有关涉案企业对调查问卷的答复后进行。核查前应通知有关企业需要核实信息的性质及提供的信息，但核查时也可要求有关企业进一步提供细节。

4. 在可能的情况下，进口方主管机构对接受核查的有关成员或企业提出配合核查的问题，在核查前予以答复。

（二）可获得最佳信息的采用

可获得最佳信息是指，进口方主管机构在调查过程中对有关利害关系方信息处理的一种方式，即弃用或部分弃用不配合调查或阻碍调查方提供的信息，而使用认为适当的其他信息。

《反倾销协定》附件 2 对不采用利害关系方提供的证据或信息的处理原则，做了一般规定：

1. 调查开始后，进口方主管机构应向有关利害关系方说明所需要得到的信息及组织信息的方式。同时应说明，如果信息未按照要求提供，进口方主管机构可认为利害关系方的信息不可用，或不符合调查要求，并有权以可获得的事实为基础作出裁定，包括申请书中提出的事实。

2. 进口方主管机构可要求有关利害关系方以特殊介质（如计算机磁盘）提供信息，但不应给有关利害关系方增加不合理的额外负担。

3. 在裁定时，进口方主管机构应考虑使用可接受的、所有可核实的、以适当方式提交的信息。

4. 当信息或证据未被接受时，进口方主管机构应向有关企业说明理由，并给予对方在合理时间内进一步说明的机会。在其后的任何裁决公告中，应载明拒绝接受该证据或信息的理由。

5. 在调查过程中，进口方主管机构应特别慎重处理二手信息。如有可能，进口方主管机构应利用其他独立的信息来源核查二手信息的准确性。

第二节 补贴与反补贴措施协定

《补贴与反补贴措施协定》的目的是，有效约束和规范补贴的使用，防止补贴对竞争的扭曲；同时，规范反补贴的程序和标准，防止滥用反补贴措施，阻碍公平贸易。但《补贴与反补贴措施协定》只处理影响货物贸易的补贴，《农业协定》中对农产品的补贴还有一些特殊规定，关于服务贸易的补贴在《服务贸易总协定》中另有规定。

一、产生背景

补贴作为公共经济政策的重要组成部分，为各国广泛采用。关税与贸易总协定和世界贸易组织并不否定补贴的作用，但补贴措施如使用不当也会导致不公平竞争，对进口方或第三方的相关产业或其他合法利益造成损害，扭曲贸易和影响资源的合理配置。

补贴与反补贴规则的形成历经了近半个世纪的漫长历程。关税与贸易总协定的早期规则中，仅有两个条款涉及这一问题，即《1947 年关税与贸易总协定》第 6 条和第 16 条。其中，第 6 条关于反倾销措施的最初规则，也规范反补贴税的使用；第 16 条直接涉及到补贴的使用，但表述相当含混，处理措施缺乏力度。因此，加强补贴纪律，确立规范的反补贴制度，一直是关税与贸易总协定缔约方努力的一个方向。

在东京回合中，缔约方达成了《关于解释与适用〈1947 年关税与贸易总协定〉第 6 条、第 16 条和第 23 条的协定》，也称《反补贴守则》。该守则确立了补贴的一般纪律，丰富了反补贴的有关规定，同时制定了补贴争端解决的规则。《反补贴守则》是对《1947 年关税与贸易总协定》补贴与反补贴制度的重大发展，并对日后乌拉圭回合达成《补贴与反补贴措施协定》产生了积极影响。但《反补贴守则》只是一个诸边守则，实际签署的仅有 24 个缔约方，因此其约束范围有限。

在乌拉圭回合长达 8 年的谈判过程中，补贴与反补贴措施一直是难点和焦点议题。最终达成的《补贴与反补贴措施协定》，作为世界贸易组织一揽子协定的组成部分，适用于世界贸易组织所有成员。

二、组成部分及概念界定

《补贴与反补贴措施协定》由 11 个部分和 7 个附件组成。这 11 个部分分别是：总则、禁止性补贴、可诉补贴、不可诉补贴、反补贴措施、机构、通知和监督、发展中成员、过渡性安排、争端解决、最后条款。7 个附件分别是：出口补贴例示清单，关于生产过程中投入物消耗的准则，关于确定替代退税制度为出口补贴的准则，从价补贴总额的计算，搜集关于严重侵害的信息的程序，根据第 12 条第 6 款进行实地调查的程序，第 27 条第 2 款（a）项所指的发展中成员。

（一）补贴

《补贴与反补贴措施协定》从主体、形式和效果三个方面对补贴进行了界定，即补贴只有在满足下列三个条件时才成立：第一，补贴是由政府或公共机构提供；第二，政府提供了财政资助或任何形式的收入或价格支持；第三，补贴使产业或企业得到了利益。

1. 财政资助

财政资助包括：（1）政府直接提供资金（如赠款、贷款和资本注入）、潜在的资金或债务的直接转移（如政府为企业提供贷款担保）；（2）政府应征税收的减免；（3）政府提供除一般基础设施之外的货物或服务，或者购买货物。

2. 收入或价格支持

收入或价格支持是政府补贴的另一种形式。这种支持可能是由法律限定某一种产品的最低价格，也可能表现为一种维持物价的物资储备制度。

3. 产业或企业得到利益

衡量补贴的另一标准是，政府的资助、收入或价格支持使有关产业或企业获得利益。这种利益是指产业或企业在正常商业条件下不能获得的条件、条款或优惠。

（二）专向性

专向性是指补贴只给予一部分特定的产业、企业、地区。

《补贴与反补贴措施协定》只约束具有专向性的补贴，并规定了 4 种类型的专向性补贴：（1）企业专向性补贴，即政府对部分特定企业进行补贴；（2）产业专向性补贴，即政府对部分特定产业进行补贴；（3）地区专向性补贴，即政府对其领土内的部分特定地区的某些企业进行补贴；（4）禁止性补贴，即与出口实绩或使用进口替代相联系的补贴。

《补贴与反补贴措施协定》第2条，还明确了认定专向性补贴的一些标准和条件。凡是有关法律、法规明确规定，或执行此项法律、法规的主管机构明确表示，补贴只给予特定的企业或产业，则该种补贴即具有了法律上的专向性。判断补贴属非专向性补贴的条件是：

第一，给予补贴及确定补贴金额的标准或条件必须是客观和中性的，不得使某些特定企业享受的利益优于其他企业。标准或条件应属经济性质，并横向适用，如按照员工人数或企业规模等授予补贴。

第二，这些标准或条件必须在法律、法规或其他官方文件中明确规定，并能够被核查。

第三，这些标准或条件必须是自动的，即只要企业或产业达到规定的条件就应得到补贴，授予补贴的机构不得行使自由裁量权。

如果上述条件得不到实质满足，补贴便可能被认为具有法律上的专向性。另外，如果仅是形式上满足了上述要求，而事实上并没有严格执行，则补贴可能被认为具有事实上的专向性。补贴只要在法律上或事实上具有专向性，便可被认为具有专向性。

三、补贴的分类

《补贴与反补贴措施协定》将专向性补贴分为三类：禁止性补贴，可诉补贴，不可诉补贴。

（一）禁止性补贴

禁止性补贴又称“红灯补贴”。《补贴与反补贴措施协定》明确地将出口补贴和进口替代补贴规定为禁止性补贴，任何成员不得实施或维持此类补贴。农产品出口补贴的削减由《农业协定》规定。

1. 出口补贴

出口补贴指法律上或事实上以出口实绩为条件而给予的补贴。如果法律上明确规定以出口实绩作为给予补贴的唯一条件或条件之一，该种补贴则属于出口补贴；如果法律上虽没有明确规定以出口实绩作为补贴条件，但补贴的给予事实上与实际出口或预期出口（或出口收入）联系在一起，则该补贴也属于出口补贴。但并不是出口企业得到的补贴都是出口补贴，因为出口企业也完全可以享受非专向性补贴。

出口补贴的影响在于，它会刺激出口的增长，使其他未受补贴的同类产品在竞争中处于不利境地，并可能对进口方或第三方相关产业造成实质损害或实质损害威胁。

《补贴与反补贴措施协定》附件 1 专门列出了一个出口补贴例示清单，列举了 12 种可归于出口补贴的典型情况。

（1）政府视出口实绩对产业或企业提供的直接补贴。如以出口额或出口创汇额为基数给予一定比例的奖励。

（2）涉及出口奖励的货币留成方案或任何类似做法。如在外汇统一管制的情况下，以出口额或出口创汇额为基数，允许出口企业留存一定比例的外汇。

（3）政府规定的装运出口货物的国内费用条件，优于装运内销货物，即所谓出口装运补贴。

（4）政府或其代理机构直接或间接通过政府授权的方案，对出口生产提供货物或服务的条款或条件，优于对内销生产的条款或条件，并且此类条款或条件优于出口商在世界市场上通过商业途径可获得的条款或条件。如政府为出口企业免费提供信息服务，而对内销生产提供同样服务则要收费。

（5）全部或部分减免或缓征工商企业已付或应付的、专门与出口有关的直接税或社会福利费。直接税是指对工资、利润、利息、租金、专利权使用费和其他形式的收入所征收的税，以及对不动产所有权的征税。

（6）在计算直接税的税基时，与出口或出口实绩直接相关的特殊扣除，超过对供国内消费的生产的特殊扣除。即通过缩小税基，减轻出口企业税负，从而达到刺激和鼓励出口的目的。

（7）对出口生产和分销的间接税减免，超过对供国内消费的同类产品的生产和分销所征收的间接税，即超额减免税。间接税是指增值税、消费税、销售税、营业税、特许税、印花税、转让税、存货税、设备税、边境税及除直接税和进口费用外的所有税赋。

（8）对用于出口产品生产的货物或服务，减免或缓征所征收的前阶段累积间接税，超过对给予国内消费的同类产品生产的待遇，也是一种超额减免。如果前阶段累积间接税是对出口产品生产过程中消耗的投入物所征收的（扣除正常损耗），则即使对供国内消费的同类产品的前阶段累积间接税不予减免或缓征，对出口产品仍可免、减、缓。

（9）进口费用的减免或退还，超过对出口产品生产中消耗的进口投入物所收取的进口费用（扣除正常损耗）。

（10）政府或政府控制的特殊机构提供的出口信贷担保或保险计划，以及针对出口产品成本增加或外汇风险的保险或担保计划，其利率或保险费率不足以弥补担保或保险计划的长期营业成本和亏损。

（11）政府提供的出口信贷利率低于使用该资金所实际应支付的利率，或低于国际资本市场获得同样信贷所应支付的利率；政府支付企业或其他金融机构为取得贷款所发生的全部或部分费用。但是，一成员如果是一官方出口信贷的国际承诺的参加方，或一成员在实践中实施的出口信贷利率与该国际承诺的规定相符，则符合该国际承诺规定的出口信贷做法不得视为出口补贴。

实践中，经济合作与发展组织《关于官方支持的出口信贷规则的协定》规定，其成员提供的出口信贷只要不低于规定的利率水平，则不构成出口补贴。按照《补贴与反补贴措施协定》附件 1 的规定，世界贸易组织一成员，即使不是经济合作与发展组织成员，但如果其在提供出口信贷时遵守经济合作与发展组织的规定，则该出口信贷同样不应视为出口补贴。

（12）从成员公共账户中所支取的任何其他费用，且该公共账户构成了《1994 年关税与贸易总协定》第 16 条意义上的出口补贴。

关于出口补贴，《1994 年关税与贸易总协定》第 16 条的注解还规定，对一出口产品免征其同类产品供国内消费时所负担的关税或国内税，或免除此类关税或国内税的数量不超过已征量，不得视为出口补贴。也就是说，对出口产品免征间接税或退还已就该产品征收的间接税，不构成出口补贴；出口退税如超过实际征收的税额，超额部分则构成出口补贴。

2. 进口替代补贴

进口替代补贴指以使用国产货物为条件而给予的补贴。与出口补贴给予出口产品的生产者或出口商不同，进口替代补贴给予的对象是国产品的生产者、使用者或消费者。这种补贴的影响在于：它会使进口产品在与受补贴的国产品的竞争中处于劣势，从而抑制相关产品的进口。鉴于进口替代补贴对进口贸易的抑制和扭曲作用，《补贴与反补贴措施协定》同样将它纳入了禁止范畴。

进口替代补贴可以是给予进口替代产业优惠贷款，或为此类企业提供比其他企业更优惠的货物或服务，或在外汇使用方面提供更多的便利条件，或减免此类企业所得税等直接税，或通过允许加速折旧等方式减小所得税税基，等等。

进口替代补贴既可以给生产商，也可以直接给使用者或消费者。如对进口替代产品使用者给予物质奖励，允许该使用者对进口替代设备进行加速折旧，或者对此类设备的增值税予以全额抵扣，对购买进口替代设备提供优惠贷款等。

（二）可诉补贴

可诉补贴又称“黄灯补贴”，指那些不是一律被禁止，但又不能自动免于质疑的补贴。对这类补贴，往往要根据其客观效果才能判定是否符合世界贸易组织规则。

《补贴与反补贴措施协定》第5条，对可诉补贴规定了总体原则，即成员不得通过使用该协定第1条所规定的专向性补贴，而对其他成员的利益造成不利影响。这种不利影响指以下三种情况：一是对另一成员的国内产业造成损害；二是使其他成员丧失或减损根据《1994年关税与贸易总协定》所获得利益；三是严重侵害另一成员的利益。

损害指一成员政府的补贴对另一成员国内产业所造成的实质损害，这与倾销对国内产业所造成的损害是非常相似的。

利益的丧失或减损是一个非常模糊的概念。对于补贴来讲，比较典型的情况是，一成员实施补贴，使另一成员本应获得的市场准入机会受到了削弱。

严重侵害是一个范围更广的概念。《补贴与反补贴措施协定》第6条对严重侵害规定了一些推定标准，即只要补贴符合以下情形，便可视为对另一成员的利益造成了严重侵害：

（1）补贴的影响在于取代或阻碍另一成员的同类产品进入提供补贴成员的市场。

（2）补贴使得另一成员同类产品对第三国市场的出口被取代或阻碍。

（3）补贴产品造成另一成员同类产品大幅降价、压价、价格抑制，或造成另一成员同类产品的大量销售损失。

（4）补贴导致补贴成员增加某一初级产品在世界市场中的份额。

《补贴与反补贴措施协定》还规定，如果提供补贴的成员能证明补贴并未造成第6条规定的任何一种影响，则不得视为存在严重侵害。

根据《补贴与反补贴措施协定》第31条规定，第6条规定临时适用5年（1995年1月1日至1999年12月31日）。

（三）不可诉补贴

不可诉补贴又称“绿灯补贴”。《补贴与反补贴措施协定》第四部分规定了两大类不可诉补贴：一类是不具有专向性的补贴；另一类是符合特定要求的专向性补贴。

不具有专向性的补贴可普遍获得，不针对特定企业、特定产业和特定地区。

符合特定要求的专向性补贴，包括研究和开发补贴，贫困地区补贴，环保补贴。

研究和开发补贴是指，对公司进行研究和开发活动的援助，或对高等教育机构、研究机构与公司签约进行研究和开发活动的援助。

贫困地区补贴是指，按照一项总体地区发展规划给予贫困地区的援助。

环保补贴是指，为促进现有设施适应法律、法规规定的新的环保要求而提供的援助。

《补贴与反补贴措施协定》第8条，对上述补贴规定了非常详细的限定条件。该协定第31条规定，有关不可诉补贴的规定临时适用5年（1995年1月1日至1999年12月31日）。

四、补贴的争端解决和反补贴措施

（一）补贴的争端解决

《补贴与反补贴措施协定》对成员之间有关补贴问题的争端，提供了更为迅捷的多边解决程序，以体现对补贴行为的严格规范。

1. 禁止性补贴的争端解决

一成员如果有理由认为另一成员正在实施禁止性的补贴，即可请求同实施补贴的成员进行磋商。若在提出磋商请求后30天内未能达成双方同意的解决办法，则可将争端提交争端解决机构。

争端解决机构受理争端后，应立即成立专家组。专家组应在成立后的90天内，向争端当事方提交最终报告，并发送给世界贸易组织其他所有成员。如专家组认定补贴为禁止性的，则应建议立即撤销补贴，并明确限定撤销补贴的时限。除非争端一方表示上诉，或争端解决机构经协商一致不通过专家组报告，否则争端解决机构应在报告发送给所有成员后的30天内通过该报告。

如专家组报告被上诉，上诉机构一般应在30天内提出裁决报告，例外情况下不得超过60天，并交由争端解决机构予以通过。除非争端解决机构在20天内经协商一致决定不予通过，否则争端各方必须无条件接受上诉机构报告。

如果被诉方没有在专家组指定的时限内执行争端解决机构的建议，争端解决机构应授权申诉方采取适当的报复措施，除非争端解决机构经协商一致拒绝授予申诉方这种权利。实施补贴的成员可就报复措施是否适当提请仲裁。

2. 可诉补贴的争端解决

一成员如果有理由认为另一成员实施的可诉补贴对其利益造成了不利影响，则可要求与实施补贴的成员进行磋商。若提出磋商请求后的60天内未能达成协议，则任何一方可将争端提交争端解决机构。

争端解决机构受理争端后，应设立专家组，除非争端解决机构全体一致不同意设立专家组。专家组的组成及其职权范围应在专家组成立后的15天内确定。专家组应在120天内向争端各方提交最终报告，并将报告发送给世界贸易组织其他所有成员。除非争端一方表示要求上诉，或争端解决机构经协商一致决定不通过专家组报告，否则争端解决机构应于报告发送给全体成员之日起的30天内通过该报告。

如果专家组报告被上诉，上诉机构应于60天内提出裁决报告，例外情况下可延长至90天内。除非争端解决机构经协商一致不同意，否则争端解决机构应于上诉机构报告发送给全体成员之日起的20天内通过上诉机构报告，争端当事方必须无条件接受该报告。

如果争端解决机构通过的专家组报告或上诉机构报告认定可诉补贴应予撤销，则实施补贴的成员应自报告通过之日起的6个月内采取适当措施，消除补贴所造成的不利影响或取消该项补贴。在此期间，争端当事方还可就补偿问题进行谈判。如未达成补偿协定，且实施补贴的成员亦未在规定时限内采取适当措施，争端解决机构应授权申诉方采取在性质和程度上与涉诉补贴措施相当的报复措施，除非争端解决机构协商一致拒绝这一补偿要求。被诉方可就报复措施的适当性问题提请仲裁解决。

与禁止性补贴相比，可诉补贴的争端解决程序时间要长一些。这体现了对不同类型补贴约束程度的差异。

（二）反补贴措施

反补贴措施指进口方主管机构应国内相关产业的申请，对受补贴的进口产品进行反补贴调查，并采取征收反补贴税或价格承诺等方式，抵消进口产品所享受的补贴，恢复公平竞争，保护受到损害的国内产业。

《补贴与反补贴措施协定》规定了使用反补贴措施的规则。这些规则与《反倾销协定》的有关规则非常相似，但两者仍存在一些不同点：

（1）对微量的标准规定不同。在反倾销调查中，2% 或 2% 以下的倾销幅度被认为是微量的；在反补贴调查中，只有补贴低于从价金额的 1%，才能被视为微量，对发展中成员适用的比例还要高一些，即可以低于 2%。

（2）对忽略不计的标准规定不同。在反倾销调查中，如果某一成员倾销产品对特定市场的出口量不足该市场进口总量的 3%，则该进口量可忽略不计，除非此种比例均低于 3% 的几个成员的合计比例超过 7%；在反补贴调查中，针对发展中成员的此种比例为 4%，作为例外的合计比例为 9%。

（3）邀请磋商是发起反补贴调查成员的义务，而反倾销调查中不存在此类规定。《补贴与反补贴措施协定》要求进口方主管机构在接受国内产业有关申请后，最迟应在发起调查前邀请可能被调查的成员进行磋商，以澄清有关被指证的事项，寻求达成双方满意的解决办法。

（4）价格承诺的方式有所不同。反补贴中的价格承诺有两种形式：一是出口商同意修改其价格，以消除补贴的有害影响；二是出口方政府同意取消或限制补贴，或采取其他能消除补贴影响的措施。而在反倾销的价格承诺中，不存在政府承诺的问题。

如果一成员在采取反补贴措施过程中，未能遵守《补贴与反补贴措施协定》第五部分的实质性或程序性要求，其他成员可以通过争端解决机制提出质疑。

《补贴与反补贴措施协定》规定，争端解决程序与反补贴措施可以平行引用。从程序角度讲，争端解决程序与反补贴措施是不矛盾的。若一成员认为另一成员实施补贴措施，该成员可以向争端解决机构提起申诉，同时也可以进行反补贴调查，以确定补贴进口产品是否对其国内产业造成了损害。

对某一特定补贴只能采取一种形式的救济措施，要么征收反补贴税，要么根据《补贴与反补贴措施协定》第 4 条或第 7 条的规定采取报复措施。

五、优惠待遇和过渡期

（一）发展中成员的优惠待遇

世界贸易组织所有成员均承认，补贴可在发展中成员的经济发展计划中发挥重要作用。因此，《补贴与反补贴措施协定》第八部分详细规定了各类发展中成员的特殊和差别待遇。与世界贸易组织其他协定相比，《补贴与反补贴措施协定》的优惠待遇涉及范围较广，对发展中成员和最不发达成员具有重要的实质意义。

根据联合国的有关标准，《补贴与反补贴措施协定》将发展中成员分为三类：一类是48个最不发达成员；二类是列入附件7的年人均国民生产总值低于1000美元的20个发展中成员；三类是其他发展中成员。

1. 禁止性补贴方面的优惠

（1）最不发达成员可以无限期使用出口补贴，并在世界贸易组织成立后8年内（即至2002年年底），可使用进口替代补贴。

（2）附件7所列的20个发展中成员，在其年人均国民生产总值达到1000美元之前，有权使用出口补贴，并在世界贸易组织成立后5年内（即至1999年年底），可保留进口替代补贴。

（3）其他发展中成员在世界贸易组织成立后8年内（即至2002年年底），可以保留出口补贴，但应在这8年内逐步取消，且不得提高其出口补贴的水平。如果出口补贴与其发展需求不相符，则应在短于8年的期限内取消；如果有关成员能证明延长保留出口补贴的期限，是出于经济、金融和发展的需要，则补贴与反补贴措施委员会可以延长这一期限。在世界贸易组织成立后5年内（即至1999年年底），这些发展中成员可以保留进口替代补贴。

对于发展中成员，若其某一具体产品已经具有“出口竞争力”，即该种产品的出口连续2年达到同类产品世界贸易至少3.25%的份额，则该成员应在2年内取消对这种产品的出口补贴。但是，《补贴与反补贴措施协定》附件7所列20个发展中成员，即使其某一具体产品已经具有出口竞争力，仍可以在8年内逐步取消对该产品的出口补贴。

2. 可诉补贴方面的优惠

《补贴与反补贴措施协定》第27条还针对发展中成员，放宽了该协定第三部分规定的、适用于可诉补贴的多边规则，且这些更加优惠的待遇没有时间限制。如果发展中国家维持出口补贴、进口替代补贴的做法，符合《补贴与反补贴措施协定》第27条2~5款的规定，则其他成员不得援引有关禁止性补贴的争端解决程序，只能援引可诉补贴的程序。

3. 反补贴调查中的优惠

《补贴与反补贴措施协定》第五部分，就针对发展中成吊采取反补贴措施做了一些特殊规定。如果发展中成员产品的补贴水平不足从价金额的2%（非发展中成员为1%），则针对其采取的反补贴调查应立即终止。

对于以下三类成员，微量补贴的幅度为3%：

（1）最不发达成员。

（2）《补贴与反补贴措施协定》附件7所列的人均国民生产总值低于1000美元的发展中成员。

（3）可在世界贸易组织成立后的8年内继续使用出口补贴，但提前取消该类补贴的发展中成员。

如果源自发展中成员的受补贴进口产品不足进口份额的4%，则反补贴调查也应立即终止。但如果低于4%份额的发展中成员的合计比例超过9%，反补贴调查仍可继续进行。

（二）转型经济成员

转型经济成员可以实施转型所必需的计划和措施。他们可以在世界贸易组织成立后的7年内，保留已向世界贸易组织通知的出口补贴和进口替代补贴。但这些补贴在7年内应逐步取消，或使其符合《补贴与反补贴措施协定》的规定。在7年期限内，为有助于经济结构调整，这些成员可以免除政府持有的债务，向企业提供赠款以偿还债务，而不受“严重侵害”规则的制约。

（三）发达成员

发达成员在3年过渡期（1995~1997年）后，应取消在签署《建立世界贸易组织协定》之前就已存在的禁止性补贴。这类计划应在该协定对该成员生效后的90天内，通知世界贸易组织补贴与反补贴措施委员会。

六、机构和监督

根据《补贴与反补贴措施协定》第六部分规定，世界贸易组织设立补贴与反补贴措施委员会，还设立了常设专家小组。常设专家小组可以在争端解决机构专家组的请求下，依据争端解决程序确定某一补贴是否属被禁止的补贴。

《补贴与反补贴措施协定》第七部分，对成员就补贴进行通知的义务做了详尽规定，并明确了补贴与反补贴措施委员会监督该协定实施的职能。

第三节　保障措施协定

《保障措施协定》的目的是，进一步澄清《1994 年关税与贸易总协定》第 19 条的原则，强化保障措施的多边控制，消除规避保障措施控制的不当做法，促进国际贸易体制的稳定和完善。保障措施是指，成员在进口激增并对其国内相关产业造成严重损害或严重损害威胁时，采取的进口限制措施。

保障措施在性质上完全不同于反倾销措施和反补贴措施。保障措施针对的是公平贸易条件下的进口产品，反倾销措施和反补贴措施针对的是不公平贸易。

一、产生背景

1943 年，美国和墨西哥签订的《互惠贸易协定》首次规定了保障条款。随后，在美国的主导下，保障条款正式纳入了《1947 年关税与贸易总协定》，即第 19 条"对某种产品进口的紧急措施"。

但是，《1947 年关税与贸易总协定》第 19 条的实施状况并不理想，这主要是条款本身的缺陷造成的。例如，缺乏对重要概念的定义，可操作性差；没有界定"增加的进口"与"损害"之间的因果联系；程序规则不明确等。在实践中，诸如"自愿出口限制"之类的"灰色区域"措施泛滥，多边规则形同虚设。因此，缔约方希望能进一步完善《1947 年关税与贸易总协定》第 19 条的规定。

在东京回合保障措施谈判流产后，乌拉圭回合中仍把保障措施列为 15 个谈判议题之一。经过缔约方艰苦的讨价还价，最终达成了《保障措施协定》，适用于所有成员。《保障措施协定》由 14 个条款和 1 个附件组成。

二、实施保障措施的条件和程序

（一）实施保障措施的条件

根据《1994 年关税与贸易总协定》第 19 条和《保障措施协定》的规定，成员实施保障措施必须满足三个条件：第一，某项产品的进口激增；第二，进口激增是由于不可预见的情况和成员履行世界贸易组织义务的结果；第三，进口激增对国内生产同类产品或直接竞争产品的产业，造成了严重损害或严重损害威胁。

1. 进口激增

《保障措施协定》规定的进口激增，是指产品进口数量的急剧增长，包括绝对增长和相对增长两种情况。

绝对增长是产品实际进口数量的增长。

相对增长是相对进口方国内生产而言，进口产品所占市场份额上升。进口产品出现相对增长的情况时，实际进口量并不一定发生改变。例如，某一产品的进口量始终保持在1000，而国内同类产品的产量由原来的4000下降为2000，进口所占市场份额则从20%上升至33.3%，这种情况属于相对增长。

2. 进口激增的原因

进口激增是由于不可预见的情况和成员履行世界贸易组织义务的结果。

“不可预见的情况”在《1994年关税与贸易总协定》和《保障措施协定》中没有非常明确的解释。在1950年捷克斯洛伐克诉美国的“皮帽案”中，关税与贸易总协定工作组曾将“不可预见的情况”解释为，关税减让时不能合理预见的情况。

成员履行世界贸易组织义务，主要是指成员履行关税减让和削减非关税壁垒等义务。履行这些义务，往往会增强进口产品的竞争力，可能导致进口激增。

成员实施保障措施，必须证明进口激增是由上述两种原因造成的。

3. 进口激增的后果

进口激增对国内生产同类产品或直接竞争产品的产业，造成了严重损害或严重损害威胁。

拟实施保障措施的成员，必须证明进口激增与产业损害或损害威胁之间存在因果关系。这种证明必须有客观证据的支持。如果在同一时期国内产业所受损害由进口增长以外的因素所致，则此类损害不得归咎于进口激增。

《保障措施协定》中的“国内产业”是指，在一成员境内生产与进口产品相似或直接竞争产品的全体国内生产商，或者其产量之和占该成员这种相似或直接竞争产品生产总量主要部分的生产商。

关税同盟既可针对该同盟所辖全部区域采取保障措施，也可仅代表该同盟的某一成员实施保障措施。当同盟针对全部区域实施保障措施时，对损害及损害威胁的确定，应以同盟内相应的整个产业情况为基础；当同盟代表其某个成员实施保障措施时，对损害及威胁的确定，应仅以该成员相应的产业情况为基础，保障措施的实施也只以该成员的地域为限。

“严重损害”是指对国内某一产业的状况总体上造成重大损害。在确定对国内某一产业造成严重损害或严重损害威胁的调查中，主管机构应评估影响该产业状况的、客观和可量化的所有相关因素，特别是有关产品进口绝对增长或相对增长的比例和数量，增长的进口产品在国内市场所占份额，以及国内产业的销售水平、总产量、生产率、设备利用率、盈亏与就业的变化等。

“严重损害威胁”应理解为危急且显而易见的威胁，不能仅是想象或推测的威胁。

（二）实施保障措施的程序

为保证充分的透明度和公正性，《保障措施协定》对保障措施的实施规定了比较详细的程序。该程序主要包括调查、通知和磋商 3 个环节。

1. 调查

调查是采取保障措施的必经步骤。有关调查应根据成员事先制定的程序进行，并且应按《1994 年关税与贸易总协定》第 10 条规定予以公开。

成员主管机构在采取保障措施前，应向所有利害关系方作出适当的公告、举行公开听证会，或给进口商、出口商及其他利害关系方提供适当的机会，以陈述证据和看法，对其他相关方的陈述作出答复。调查结束后，主管机构应公布调查报告，列明对一切相关事实和法律问题的调查结果，以及作出的合理结论。

2. 通知

成员应将下列事项立即通知保障措施委员会：

（1）发起调查的决定及理由。

（2）对进口增长造成严重损害或损害威胁的调查结果。

（3）就实施或延长保障措施作出的决定。

在履行上述（2）和（3）项通知义务时，成员应提供以下有关信息：进口增长造成严重损害或严重损害威胁的证据，对调查所涉及产品和拟采取措施的准确描述，保障措施实施的日期、期限及逐步放宽的时间表等。货物贸易理事会或保障措施委员会，可以要求准备采取措施的成员提供必要的补充资料。

3. 磋商

由于采取保障措施会影响到有关成员根据世界贸易组织相关协定所享有的权利，《保障措施协定》规定，采取或延长保障措施的成员应与各利害关系方进行磋商，交换意见，并达成谅解。磋商结果应及时通知货物贸易理事会。

三、保障措施的具体实施

保障措施只能以非歧视的方式实施，即进口限制措施仅针对产品，而不论该种产品的来源。

（一）保障措施实施的形式和期限

1. 形式

实施保障措施，可以采取提高关税、纯粹的数量限制和关税配额等形式。但保障措施应仅在防止或救济严重损害的必要限度内实施。

鉴于非关税措施对贸易的扭曲作用较大，《保障措施协定》第5条对实施数量限制和配额措施做了专门限定。即实施数量限制，不得使进口数量低于过去三个有代表性年份的平均进口水平，除非进口方有正当理由表明有必要采用与此不同的进口水平。在实施配额限制时，进口方应当与有利害关系的供应方就配额分配进行磋商。如磋商未能达成协议，则进口方应基于供应方前一有代表性时期的进口份额进行分配，除非在保障措施委员会主持磋商中证明，不按这种方法进行分配是有正当理由的。

2. 期限

保障措施的实施期限一般不应超过4年。如果仍需以保障措施防止损害或救济受损害的产业，或有证据表明该产业正在进行调整，则可延长实施期限。但保障措施的全部实施期限（包括临时保障措施）不得超过8年。

（二）临时保障措施

《保障措施协定》规定，在紧急情况下，如果迟延会造成难以弥补的损失，进口成员可不经磋商而采取临时保障措施。主管机构只能在初步裁定进口激增已经或正在造成严重损害或损害威胁的情况下，方可采取临时保障措施。临时保障措施的实施期限不得超过200天，并且此期限计入保障措施总的期限。

临时保障措施应采取增加关税形式。如果随后的调查不能证实进口激增对国内有关产业已经造成损害或损害威胁，则增收的关税应迅速退还。成员应在采取临时保障措施前通知保障措施委员会，在采取措施后应尽快与各利害关系方举行磋商。

（三）对实施保障措施的若干限制

如果某一保障措施的适用期预计超过 1 年，进口方在适用期内应按固定的时间间隔逐渐放宽该措施；如果实施期超过 3 年，进口方须在中期审查实施情况，并根据审查结果撤销或加快放宽该措施。延长期内的保障措施不得比最初适用的措施更加严格，且应继续放宽。

对同一进口产品再次适用保障措施，应遵守以下规定：一般情况下，两次保障措施之间应有一段不适用的间隔期，间隔期应不短于第一次保障措施的实施期限，至少为 2 年；如果保障措施的适用期只有 180 天或少于 180 天，并且在该措施实施之日前的 5 年内，未对同种产品采取两次以上的保障措施，则自该措施实施之日起 1 年后，可针对同种进口产品再次适用保障措施，实施期限至多为 180 天。

（四）补偿与报复

由于保障措施针对的是公平贸易条件下的产品进口，其实施必然影响出口方的正当利益。为此，《保障措施协定》第 8 条规定，有关成员可就保障措施对贸易产生的不利影响，协商贸易补偿的适当方式。

如果在 30 天内未达成协议，受影响的出口方可以对进口方对等地中止义务，即实施对等报复。但是，实施对等报复应在进口方实施保障措施后的 90 天内，并在货物贸易理事会收到出口方有关中止义务的书面通知 30 天后进行，且货物贸易理事会对此中止不持异议。

如果进口方采取保障措施是因为进口的绝对增长，并且该措施符合《保障措施协定》的规定，则出口方自保障措施实施之日起的 3 年内不得进行对等报复。

（五）禁止“灰色区域”措施

灰色区域措施指有关国家根据双边达成的非正式协定，实施的与世界贸易组织规则不符的进口限制措施。因这些协定透明度很低，故被形象地称为灰色区域措施。其主要特征是：

1. 名义上是出口国自愿承担的单方面行动，实际上是在进口方的压力下作出的。

2. 规避了取消数量限制和非歧视性原则。

3. 有关协定的内容一般包括提高产品价格、限制进口数量及进口监督等。

灰色区域措施种类很多。包括自愿出口限制，有秩序的销售安排，出口节制，出口价格或进口价格调控机制，出口或进口监督，强制的进口卡特尔，任意性出口或进口许可制度等。

鉴于灰色区域措施削弱了保障措施的作用，《保障措施协定》明确规定，成员不应寻求、采取或维持任何此类措施；成员不应鼓励或支持国营或私营企业，采取或维持与上述做法效果相同的非政府措施。根据《保障措施协定》的要求，到1999年年底，所有的灰色区域措施都被取消。

（六）发展中成员的优惠待遇

如果源自发展中成员的产品，在进口方该产品进口总量中所占比例不超过3%，则不得针对该发展中成员的产品实施保障措施。但是，当比例均不超过3%的几个发展中成员的合计比例超过9%时，保障措施则可适用。

发展中成员实施保障措施最长可至10年。在保障措施的再度适用方面，对发展中成员的限制也较发达成员少。

四、保障措施委员会的职能

《保障措施协定》第13条规定，设立保障措施委员会，隶属于货物贸易理事会。保障措施委员会的主要职能是：

1. 监督《保障措施协定》的执行，向货物贸易理事会报告年度总体执行情况，并提出改善建议。

2. 根据受影响成员的请求，调查某一保障措施的实施，是否遵守了《保障措施协定》的程序性要求，并向货物贸易理事会报告其调查结果。

3. 应成员的请求，对成员进行的磋商提供协助。

4. 监督灰色区域措施的取消进程，并酌情向货物贸易理事会报告。

5. 应采取保障措施成员的请求，审查中止减让或其他义务的提议是否实质上对等，并酌情向货物贸易理事会报告。

6. 接收并审查《保障措施协定》规定的所有通知。

世界贸易组织成员共发起保障措施调查216起，从世界贸易组织成立到2010年年底，在已完成的调查中，最终实施保障措施的有101起。

第十章　服务贸易总协定

乌拉圭回合首次达成了《服务贸易总协定》。其宗旨是，通过建立服务贸易多边规则，在透明和逐步自由化的条件下扩大全球服务贸易。该协定兼顾了各成员间服务贸易发展的不平衡，允许各成员对服务贸易进行必要管理，鼓励发展中成员提高国内服务部门的效率和竞争力。

第一节　产生背景

一、谈判的启动及过程

早在东京回合期间，美国就积极推动服务贸易谈判。在1982年关税与贸易总协定部长级会议上，美国提出了会议的优先议题，即在关税与贸易总协定内制定一个工作方案，为在服务领域进行多边谈判作技术准备。但是，发展中缔约方和某些发达缔约方反对这一倡议。这些缔约方担心，在关税与贸易总协定框架内处理服务贸易问题，会导致将关税与贸易总协定的原则直接适用于服务贸易领域，从而会使他们当时在服务贸易和投资领域实行的有违最惠国待遇、国民待遇原则的做法成为非法；他们更担心形成货物贸易与服务贸易之间的跨领域报复机制，影响货物贸易出口；他们也不愿意将货物贸易和服务贸易领域的减让联系起来进行一揽子谈判。

这次部长级会议最后通过了一个折中方案，鼓励对服务贸易有兴趣的缔约方就这一问题进行研究，并通过关税与贸易总协定等国际组织交换信息，将研究结果及有关国际组织提供的资料和评论意见，提交1984年关税与贸易总协定第四十届缔约方大会审议。

1984年11月，关税与贸易总协定第四十届缔约方大会就服务贸易问题成立了专门工作组。埃斯特角部长级会议筹备委员会也将服务贸易问题纳入讨论范围。

1986年9月，埃斯特角部长级会议在服务贸易问题上达成妥协，将服务贸易与货物贸易分开谈判，平行进行，并考虑了发达缔约方和发展中缔约方的立场。

乌拉圭回合就服务贸易问题成立了专门谈判组，对服务贸易的定义和统计、服务贸易多边框架范围、制定服务贸易规则的主要概念、现有的多边规则和协定、影响服务贸易的措施等问题进行了讨论，并在此基础上形成了提交1988年12月蒙特利尔贸易谈判委员会中期审评会议的报告。

在蒙特利尔会议上，发达缔约方和发展中缔约方达成妥协，通过了消除谈判障碍的一系列准则。1989年4月，谈判组开始审查拟议中的服务贸易多边规则的适用性。审查的内容主要包括透明度、逐步自由化、国民待遇、最惠国待遇、市场准入、增强发展中国家的参与、一般例外和安全例外等。1989年年底，谈判组开始起草服务贸易多边框架草案，草案涉及框架协定本身和部门注释两部分。

美国、巴西、瑞士、欧洲共同体、日本等代表团向服务贸易谈判组提交了框架协定草案。拉美11个国家和亚非7个国家（包括中国）分别联合提交了框架协定草案。在这些案文的基础上，谈判组主席向1990年12月布鲁塞尔部长级会议提交了《服务贸易总协定》草案主席案文。会议还收到了一系列关于部门注释的草案，涉及海运、内水运输、公路运输、空运、基础电信、自然人流动、视听、广播、录音及出版等。

1991年4月，贸易谈判委员会围绕着服务贸易框架协定、具体承诺和部门注释三个主要领域展开谈判。

框架协定的谈判重点是最惠国待遇问题，特别是最惠国待遇例外问题。1991年6月，谈判组达成《关于具体承诺谈判的程序性准则》，要求各方应从1991年7月开始提交各自初步的具体承诺减让，在1991年9月前提出要价。由于受最惠国待遇例外问题的影响，直到1991年11月，大多数缔约方仍然没有提交具体承诺减让表。

但是，谈判在海运、电信、金融、自然人流动等部门注释问题上取得了进展。

二、《服务贸易总协定》的达成

在1991年年底的贸易谈判委员会会议上，关税与贸易总协定总干事邓克尔为推动谈判进程，汇总了五年以来的谈判结果，提交了《乌拉圭回合多边贸易谈判结果的最后文件草案》。

1992年1月，贸易谈判委员会同意以邓克尔案文为基础，尽快结束乌拉圭回合谈判。在服务贸易领域，各方提交具体承诺减让表的步伐随之加快，谈判组抓紧解决框架协定中的遗留问题。谈判最后阶段的主要问题包括最惠国待遇豁免的处理，视听、电信和金融服务的具体承诺减让水平等。

1993年12月15日，贸易谈判委员会最终通过了包括《服务贸易总协定》在内的最后文件草案。

1994年4月15日，《乌拉圭回合多边贸易谈判最后文件》在摩洛哥的马拉喀什签署，《服务贸易总协定》是这一回合中一项重要的谈判成果。服务贸易由此被正式纳入了多边贸易体制的管辖范围。

《服务贸易总协定》分6个部分，由32个条款组成。该协定主要包括管辖范围、一般义务和纪律、具体承诺、逐步自由化、机构条款和最后条款等，该协定还有8个附件。

第二节　管辖范围

一、概念界定

根据提供服务的方式，《服务贸易总协定》界定了服务贸易的范围，包括跨境交付、境外消费、商业存在和自然人流动四个方面。

1. 跨境交付。指服务的提供者在一成员的领土内向另一成员领土内的消费者提供服务。例如，在美国的律师为在英国的客户提供法律咨询服务。这种服务提供方式特别强调卖方和买方在地理上的界限，跨越国境和边界的只是服务本身。

2. 境外消费。指服务的提供者在一成员的领土内向来自另一成员的消费者提供服务。这种服务提供方式的主要特点是，消费者到境外去享用境外服务提供者提供的服务。例如，一成员的消费者到另一成员领土内旅游、求学等。

3. 商业存在。指一成员的服务提供者在另一成员领土内设立商业机构或专业机构，为后者领土内的消费者提供服务。这种方式既可以是在一成员领土内组建、收购或维持一个法人实体，也可以是创建、维持一个分支机构或代表处。例如，一成员的银行或保险公司到另一成员领土内开设分行或分公司，提供金融、保险服务。这种服务提供方式有两个主要特点：一是服务的提供者和消费者在同一成员的领土内；二是服务提供者到消费者所在国的领土内采取了设立商业机构或专业机构的方式。一般认为，商业存在是四种服务提供方式中最为重要的方式。

商业存在可以完全由在当地雇用的人员组成，也可以有外国人参与。在后一种情况下，这些外国人以自然人流动方式提供服务。

4. 自然人流动。它是指一成员的服务提供者以自然人身份进入另一成员的领土内提供服务。例如，某先生是 A 国的律师，他来到 B 国后，没有设立自己的律师事务所，而直接提供法律咨询服务。

自然人流动与商业存在的共同点是，服务提供者到消费者所在国的领土内提供服务；不同之处是，以自然人流动方式提供服务，服务提供者没有在消费者所在国的领土内设立商业机构或专业机构。

二、服务部门分类

《服务部门分类清单》将服务分为12个部门，即商务服务、通信服务、建筑和相关工程服务、分销服务、教育服务、环境服务、金融服务、健康服务、旅游服务、娱乐、文化和体育服务、运输服务及其他服务。这12个部门又进一步细分为160多个分部门。上述部门和分部门的分类与定义，参考了联合国中心产品分类系统对服务的分类与定义。

在具体谈判中，各成员对于准备列入减让表的具体服务部门，可以保留自主定义的权利。

在多哈回合服务市场准入谈判中，WTO成员就是依照上述分类体系进行谈判的。不过，1991年《服务部门分类清单》对服务部门和分部门的分类与定义不是一成不变的。目前，服务贸易理事会下设的具体承诺委员会，负责有关服务部门和分部门调整的技术性工作。

第三节　一般义务和纪律

一、关于最惠国待遇

《服务贸易总协定》中的最惠国待遇规定，一成员给予任何其他国家（不论成员或非成员）的服务或服务提供者的待遇，需立即和无条件地给予其他成员类似的服务或服务提供者。

但是，在《服务贸易总协定》生效时，成员如果根据该协定中《关于第2条例外的附件》所规定的条件，援引有关最惠国待遇的例外，则可以在谈判确定本国第一份服务贸易减让表的同时，列出最惠国待遇例外清单，从而有权继续在特定的服务部门给予特定国家以更优惠的待遇。这些例外只能一次确定，且例外清单中的内容不得增加。根据WTO秘书处统计，欧盟12个成员国减让表中共有127项最惠国待遇例外；美国减让表中共有18项最惠国待遇例外。

在《服务贸易总协定》生效以后，任何新的最惠国待遇例外，只能通过《建立世界贸易组织协定》规定的豁免程序获得。凡有效期超过5年的最惠国待遇例外，都必须在服务贸易理事会中审议，首次审议在1999年年底进行。

例外的时限原则上不超过2004年，并且不管情况如何，必须纳入世界贸易组织服务贸易自由化谈判。

除最惠国待遇例外清单外，《服务贸易总协定》还允许区域贸易集团成员之间的安排背离最惠国待遇的规定。《服务贸易总协定》允许任何成员与其他国家达成仅在参加方之间适用的、进一步实现服务贸易自由化的协定。达成这种协定的条件是，协定内容必须涵盖众多的服务部门和四种服务提供方式，取消对协定参加方服务提供者的歧视性措施，并禁止新的或更多的歧视性措施的出现。

符合《服务贸易总协定》规定的区域性服务贸易自由化协定，应以促进成员间的服务贸易为目的，且不能使非成员与该协定成员在开展有关的服务贸易时遭遇更多障碍。如果区域性服务贸易自由化协定的达成或扩大，导致协定参加方撤回了向非协定参加方已经作出的减让承诺，则应通过谈判，给予非协定参加方适当的补偿。而非协定参加方不必为他们从区域性服务贸易自由化协定中获得的利益，给予协定参加方任何补偿。

二、关于透明度

《服务贸易总协定》的透明度原则规定，成员应及时公布影响《服务贸易总协定》实施的、所有普遍适用的相关措施。如果成员新制定或修改后的法律、法规和行政措施，对该成员在《服务贸易总协定》下的服务贸易具体承诺产生影响，则应及时通知服务贸易理事会。

在1996年年底以前，世界贸易组织成员应设立各自的服务贸易咨询点，以满足其他成员就上述问题索取信息的需要。发达成员和具备条件的其他成员还应设立联系点，以便发展中成员的政府和服务提供者，可以获得有关的商业和技术资料，以及有关专业资格要求等方面的信息。

三、关于国内规制的纪律

《服务贸易总协定》规定了关于国内法规和资格承认的纪律，以保证世界贸易组织成员在该协定下所能获得的利益，不因各成员的国内规制而遭到损害。

对已作出具体承诺的部门，成员应以合理、客观、公正的方式实施影响服务贸易的所有措施，在合理的时间内答复提供某种服务的申请。此外，成员还应提供司法或其他程序，以便服务提供者就影响其贸易利益的行政决定提出申请，进行复议。

服务贸易理事会应制定多边规则，防止对服务提供者的资格要求、技术标准及许可的发放构成不必要的贸易限制。在多边规则形成以前，成员在实施各自的标准和要求时，也不能对服务提供者构成不必要的贸易限制，以确保不削弱或损害各成员已作出的具体承诺。

《服务贸易总协定》敦促成员承认其他成员服务提供者所具有的学历或其他资格，鼓励各成员之间就资格的相互承认进行谈判，同时给予其他具有类似标准的成员参与谈判的机会。资格要求应尽可能地以国际公认的标准为基础，不能在成员间造成歧视，也不能对服务贸易构成隐蔽限制。

四、关于垄断和专营者及限制性商业惯例的纪律

《服务贸易总协定》关于垄断和专营服务提供者的纪律，与《1994年关税与贸易总协定》有关国营贸易条款有相似之处。成员任何一种服务的垄断

提供者，均不得滥用垄断地位，其行为不能违背该成员的最惠国待遇义务和已作出的具体承诺。如果一成员在对提供某种服务作出具体承诺后，又对提供该种服务授予垄断经营权，从而否认或损害了其已有的承诺，则该成员应通过谈判作出相应补偿。

与《1994 年关税与贸易总协定》不同，《服务贸易总协定》承认服务提供者的“某些商业惯例”可能会抑制竞争，从而限制服务贸易。应其他成员请求，成员应就此问题进行磋商，并进行信息交流，以最终取消这些限制性商业惯例。

五、关于例外的规定

与《1994 年关税与贸易总协定》有关条款相似，《服务贸易总协定》允许处于严重国际收支困难中的成员，或受国际收支困难威胁的成员，对其具体承诺所涉及的服务贸易采取限制措施。发展中成员和转型经济成员可以采取限制措施，以保持一定的国际储备水平，满足其发展及经济转型计划的需要。但是，这些限制不得在其他成员之间造成歧视，不得对其他成员的利益造成不必要的损害，也不得超过必要的限度。

这些限制措施应该是暂时的，一旦情况好转，就应逐步取消。在采取或维持这些限制措施时，成员可以优先考虑对经济和发展具有重要意义的服务部门，但不能利用这种限制措施来保护特定的服务部门。

采取限制措施的成员应与其他成员进行定期磋商，磋商在国际收支委员会中进行，所遵循的规则与货物贸易领域中的规则相同。另外，除非因国际收支平衡原因而获得世界贸易组织的允许，任何成员不得对与其具体承诺有关的经常交易实施国际支付和转移方面的限制。

《服务贸易总协定》规定，各成员政府购买自用的服务可以不受最惠国待遇原则、市场准入和国民待遇承诺的限制。该协定还规定，有关服务贸易政府采购的谈判应于 1996 年年底前开始，以便为服务贸易领域的政府采购制定多边纪律。

《服务贸易总协定》关于一般例外和安全例外的规定，与《1994 年关税与贸易总协定》的相应条款最为接近。《服务贸易总协定》规定，只要不在情况类似的国家间造成任意的、不合理的歧视，或构成对服务贸易的变相限制，成员有权援用一般例外和安全例外条款采取相应措施。

《服务贸易总协定》列举了一些与货物贸易相同的一般例外情况，如维护公共道德，保护人类、动植物的生命或健康等；同时列举了一些特别适用于服务贸易的一般例外情况，包括防止欺诈做法，在处理个人资料时保护个人隐私，平等有效地课征税收等；还详细列出了一国在税收方面区别对待本国公民和外国人的各种做法。

《服务贸易总协定》的安全例外不要求成员披露会违背其根本安全利益的信息，也不阻止成员为保护其根本安全利益而采取任何行动。这些行动可以是与有关军事机构的给予有关的服务，也可以是与核聚变和裂变材料有关的行动；可以是在战时或其他国际关系紧张时采取的行动，也可以是根据《联合国宪章》为维护和平和安全而采取的行动。

六、关于保障措施和补贴纪律

乌拉圭回合虽未能就服务贸易中的保障措施和补贴问题达成实质性协定，但《服务贸易总协定》对有关保障措施和补贴做了规定。

在保障措施问题上，有关谈判应在非歧视原则基础上进行，并于1998年年初完成，（这一时限后被推迟至2002年3月15日，此后又一再延期，迄今年尚未有实质性谈判成果。）在此之前，成员已作出的具体承诺在3年内不能改变，但如果成员能够向服务贸易理事会表明有必要修改或撤回某一具体承诺，则可以改变已作出的具体承诺。

在补贴问题上，《服务贸易总协定》规定，应继续就影响服务的补贴措施、反补贴措施的必要性进行谈判。《服务贸易总协定》承认补贴对服务贸易会产生扭曲，同时也承认补贴对发展中成员服务业的发展所起的作用，但成员在受另一成员补贴措施的不利影响时，可以要求进行磋商，有关成员应对此给予同情的考虑。

尽管如此，成员不能完全自由地利用补贴来帮助本国的服务提供者。如果他们在服务贸易承诺表中未明确说明补贴措施不适用外国服务提供者，则根据国民待遇原则，成员有义务在纳入具体承诺表的服务部门给予外国服务者同样的补贴。目前，关于补贴的谈判也没有取得实质性进展。

第四节 减让表规则与其他规定

减让表规则用于处理服务贸易的市场准入和国民待遇问题。与上节所述的一般义务和纪律不同，减让表规则仅适用于成员在减让表中作出的具体承诺。其他规定包括机构条款和最后条款。

一、关于市场准入

《服务贸易总协定》规定，一成员对来自另一成员的服务或服务提供者，应给予不低于其在具体减让表中所列的待遇。这一规定表明，与货物贸易减让表中的承诺相似，服务贸易承诺也是约束性承诺，它确定了给予其他成员服务或服务提供者的最低待遇，在实际中成员亦可给予他们更为优厚的待遇。

《服务贸易总协定》列举了6种影响市场准入的限制措施。具体包括：限制服务提供者的数量，限制服务交易或资产总值，限制服务网点总数或服务产出总量，限制特定服务部门或服务提供者可以雇用的人数，限制或要求通过特定类型的法律实体提供服务，限制外国资本参与的比例或外国资本的投资总额。除在减让表中明确列明外，成员不得对其他成员的服务或服务提供者实施这些限制措施。

二、关于国民待遇

《服务贸易总协定》规定，成员在实施影响服务提供的各种措施时，对满足减让表所列条件和要求的其他成员的服务或服务提供者，应给予其不低于本国服务或服务提供者的待遇。

《服务贸易总协定》对国民待遇原则的规定，与《1994年关税与贸易总协定》的有关规定十分相近。但《服务贸易总协定》的国民待遇只适用于成员已经作出承诺的服务部门。这是由服务贸易的特性决定的。在货物贸易领域，尽管外国货物可在本国市场享受国民待遇，但在进入本国市场时，仍要受进口关税、数量限制及其他边境措施的限制；而在服务贸易领域，绝大多数服务的外国提供者如果获得了国民待遇，特别是当这些服务是以在进口方市场的商业存在和自然人流动方式提供时，就意味着在实际中享有了完全的市场准入。

与市场准入一样，减让表中应列举有关服务贸易国民待遇的所有限制措施。减让表中列明的条件和要求是给予外国服务或服务提供者的最低待遇，在实际中成员也可以超出所作承诺，给予他们更为优厚的待遇。

《服务贸易总协定》还规定，成员可就影响服务贸易的其他措施进行谈判，谈判结果形成附加承诺。附加承诺主要是关于资格要求、技术标准和许可条件的承诺等。

三、关于减让表的修改或撤回

《服务贸易总协定》规定了成员修改或撤回减让表的具体承诺应遵循的规则。原则上，任何承诺在《建立世界贸易组织协定》生效起 3 年内都是不可修改或撤回的。此后，成员可在作出相应通知，并给予相关成员一定补偿后，修改或撤回某项具体承诺。改变具体承诺的要求至少应提前 3 个月提出。

补偿问题通常是改变承诺的通知发出后，在受影响成员的要求下，通过谈判解决的。如果谈判能就新的承诺达成协议，弥补了撤回承诺造成的影响，有关成员间服务贸易承诺的整体水平不会降低。补偿性调整应按最惠国待遇原则实施。

但是，有关成员可能难以就补偿问题达成协议。其原因是多方面的，有关成员很难估计一成员改变服务贸易的某项具体承诺所产生的影响，有关的贸易数据也可能不完整，而且补偿的形式可以是市场准入新承诺，也可以是国民待遇新承诺。为此，《服务贸易总协定》规定，当有关补偿的谈判达不成协定时，允许有权获得补偿的成员将此问题提交仲裁。如果仲裁认定应给予补偿，则有关成员在补偿前不能改变原有承诺；若成员对原有承诺做了不符合仲裁结果的改变，受影响的一方有权采取报复措施，撤回与仲裁结果实质上相等的承诺。此时，受影响方承诺的撤回仅对改变承诺的那一方实施。

四、关于机构条款和最后条款

《服务贸易总协定》的机构条款和最后条款，与乌拉圭回合其他协定的机构条款和最后条款相似。机构条款就争端解决、服务贸易理事会的设置、技术合作、与其他国际组织的关系等做了规定。最后条款允许成员不把有关服务贸易的具体承诺，给予来自非成员的服务或服务提供者。最后条款还对《服务贸易总协定》使用的一些关键术语，如“服务的提供”、“法人”等做了定义。

A 国：具体承诺减让表

服务提供方式：(1) 跨境交付 (2) 境外消费 (3) 商业存在 (4) 自然人流动

部门或分部门	市场准入限制	国民待遇限制	附加承诺
一、水平承诺			
本减让表中包括的所有部门	(3) 根据 A 国 1993 年《外国投资法》进行申报和审批。 (4) 除以下内容外，不作承诺：(a) 允许重要的高级管理人员和专家作为公司间人员调动而临时居留；及 (b) 外国服务提供者的代表为谈判服务销售，允许居留不超过 90 天。	(3) 外国人取得土地须获得批准。	
二、部门承诺			
4. 分销服务 C. 零售服务 (CPC 631, 632)	(1) 不作承诺（除邮购服务：没有限制）。 (2) 没有限制。 (3) 对 1500 平方米以上的超级市场，有经济需求测试。 (4) 除水平承诺中内容外，不作承诺。	(1) 不作承诺（除邮购服务：没有限制）。 (2) 没有限制。 (3) 一些税收鼓励措施仅对 A 国公民控制的企业适用。 (4) 不作承诺。	

第五节　有关附件

《服务贸易总协定》的8个附件是：《关于第2条例外的附件》，《关于本协定中提供服务的自然人流动的附件》，《关于空运服务的附件》，《关于金融服务的附件》，《关于金融服务的第二附件》，《关于电信服务的附件》，《关于基础电信谈判的附件》，《关于海运服务谈判的附件》。这些附件是《服务贸易总协定》的组成部分，对服务贸易规则和服务贸易谈判有着重要影响。其中，长期适用的附件有《关于第2条例外的附件》、《关于本协定中提供服务的自然人流动的附件》、《关于空运服务的附件》、《关于金融服务的附件》和《关于电信服务的附件》。

一、《关于第2条例外的附件》

该附件的具体内容，在介绍《服务贸易总协定》最惠国待遇原则时已详细阐述。需要指出的是，涉及服务贸易的所有最惠国待遇例外清单，也是该附件的组成部分。

二、《关于本协定中提供服务的自然人流动的附件》

该附件规定，《服务贸易总协定》中的自然人流动是指，作为服务提供者的自然人和受雇于一服务提供者的自然人，不适用于到其他成员领土内服务业市场寻找就业机会的自然人，也不适用于各成员有关公民权、永久居留权和永久就业权的措施。各成员对于提供服务的自然人流动及入境居留，有权采取必要管理措施，但这些措施不应降低具体承诺的实际效果。

三、《关于空运服务的附件》

该附件主要澄清空运服务中不属于《服务贸易总协定》管辖范围的内容。

国际空运服务的绝大部分内容，由成员根据《芝加哥公约》谈判所达成的双边安排所管辖。因此，《关于空运服务的附件》规定，有关航空交通权的双边协定不属于《服务贸易总协定》管辖范围。目前，在空运服务部门，《服务贸易总协定》仅适用于飞机的维修和保养，空运服务的销售和营销

（不包括空运服务的定价及其条件），以及计算机预订系统等三项服务。

《关于空运服务的附件》还规定，只有涉及成员在上述三项服务中所具体承担的义务，且在所有双边或其他多边协定规定的程序已经用尽后，才能利用世界贸易组织的争端解决程序。服务贸易理事会应至少每五年对航空服务部门的发展和《关于空运服务的附件》的运行情况审议一次。这为《服务贸易总协定》的管辖范围向该部门扩展留下了余地。

四、《关于金融服务的附件》和《关于金融服务的第二附件》

由于金融机构的稳定与经济增长和发展紧密相关，在乌拉圭回合就服务贸易问题进行谈判时，参加方普遍认为，金融服务这一重要部门需要特别对待，应对银行、保险公司及其他资金和金融信息的提供者进行严密监管。金融服务的客户也需要得到保护，以提防那些或缺乏足够资金支持，或管理混乱，或不诚实的服务提供者。

《关于金融服务的附件》主要是为满足上述这些需要而制定的。该附件规定，中央银行及其他执行货币或汇率政策的政府机构的活动，视为“行使政府权力时提供的服务”，不属于《服务贸易总协定》的管辖范畴。作为法定社会保障或公共退休金计划组成部分的服务活动，以及其他由公共实体代表政府或利用政府资金进行的服务活动，也不对外国服务提供者开放。本国非政府的金融服务提供者亦不允许参与这些活动。

该附件的核心条款是通常所说的“审慎例外”。它是《服务贸易总协定》规则的又一个例外，目的在于确保政府能够保护其金融体系和客户。尽管有《服务贸易总协定》的规定，成员仍然可以采取审慎措施，来保护投资者、存款人、投保人等的利益，保证其金融体系的完整和稳定。这一例外与《服务贸易总协定》和《1994 年关税与贸易总协定》中的一般例外相似，也有限制条件，即不能用规避来逃避在《服务贸易总协定》下应承担的义务或承诺。

该附件还规定，一成员可通过双边协定承认或自主承认其他成员所采取的审慎措施，这意味着该成员可给予其他成员的金融服务提供者优先待遇。在自主承认情况下，一成员也应给予其他成员机会，来证明该成员的审慎措施同样有效。

此外，该附件中将金融服务分为保险及其相关服务、银行及其他金融服务两大类，16 种具体形式，并做了比较详细的描述。

在乌拉圭回合中，参加方认为，如果谈判能够延续到1995年6月底，就有可能达成更广泛的金融服务承诺。为使有关谈判得以延续，参加方达成了《关于金融服务的第二附件》。该附件规定，在达成更广泛的金融服务承诺前，各成员仍可将一些与最惠国待遇原则不相符的措施列入最惠国待遇例外清单，并且还可自由改变已列入减让表的金融服务承诺。

《关于金融服务的附件》长期有效，《关于金融服务的第二附件》具有过渡性质。

五、《关于电信服务的附件》和《关于基础电信谈判的附件》

《关于电信服务的附件》重点在于确定使用公共电信网络和服务的权利。该附件要求，成员应保证允许所有的服务提供者在根据减让表中的有关承诺提供服务时，以合理的、非歧视的条件接入和使用公共基础电信网络。根据该附件，上述权利适用于电话、电报、电传和数据传输等公共电信服务，但不适用于广播和电视节目的传输服务。成员应公布有关接入、使用公共网络和服务的条件。

该附件允许发展中成员为加强其电信能力，对电信网络及服务的接入和使用采取一些限制措施，但这些限制措施应在减让表中详细列明。该附件还鼓励和支持发展中成员之间在电信网络方面开展技术合作。

在乌拉圭回合中，许多成员承诺允许外国服务提供者提供增值电信服务，即利用电信网络提供的增值服务，如电子邮件、在线数据处理服务等，但他们没有就基础电信（指可传输电话信息和开展其他电信业务的网络和服务）作出承诺。为使开放基础电信的谈判在乌拉圭回合后得以进行，成员达成了《关于基础电信谈判的附件》。该附件允许成员在有关基础电信的谈判结束前，提出其在基础电信领域的最惠国待遇例外。

《关于电信服务的附件》也是长期有效的，《关于基础电信谈判的附件》则具有过渡性质。

六、《关于海运服务谈判的附件》

与《关于基础电信谈判的附件》相似，《关于海运服务谈判的附件》是一个暂时性的简短附件，目的是使海运服务谈判在乌拉圭回合结束后得以继续进行。

第六节 基础电信协定和金融服务协定

乌拉圭回合结束时，参加方同意在服务贸易领域继续就自然人流动、海运服务、基础电信、金融服务等四个问题进行谈判，以期在这四个部门实现更高水平的市场开放。为此，1993 年 12 月 15 日，贸易谈判委员会通过了《关于自然人流动问题谈判的决定》、《关于海运服务谈判的决定》、《关于基础电信谈判的决定》、《关于金融服务谈判的决定》等四个决定草案。世界贸易组织成立后，成员继续就这四个问题进行谈判。

有关海运服务的谈判于 1996 年 6 月中止，未能如期达成多边协定。1996 年 6 月 28 日，服务贸易理事会通过的《关于海运服务的决定》规定，海运服务谈判将在新一轮服务贸易谈判开始时恢复。2000 年 1 月，作为乌拉圭回合既定议程的服务贸易谈判如期启动，将海运服务谈判纳入了此轮服务贸易谈判的范畴。

有关自然人流动的谈判于 1995 年年中结束，参加方达成了《〈服务贸易总协定〉第三议定书》，但这一谈判取得的成果有限，各方改进承诺的幅度不大。该议定书于 1995 年 7 月 21 日在服务贸易理事会上获得通过，1996 年 1 月 30 日生效。各成员关于自然人流动的具体承诺附在《〈服务贸易总协定〉第三议定书》之后。

有关基础电信和金融领域的谈判取得了巨大成功，达成了《基础电信协定》和《金融服务协定》。

一、《基础电信协定》

（一）谈判情况

乌拉圭回合结束时，谈判各方希望进行基础电信服务谈判，以反映电信技术的快速发展，以及电信管理体制的变革，从而实现更高水平的电信市场开放。

1994 年 5 月，基础电信谈判组开始谈判。成员自愿参加基础电信谈判组，最初有 33 个参加方，到 1996 年 4 月底，谈判组的正式参加方达到 53 个，另有 24 个观察员。

根据《关于基础电信谈判的决定》，谈判应于 1996 年 4 月 30 日结束。当时，共有48个参加方正式提交了减让表。但有些参加方认为，这一结果不足以使谈判成功结束。

1996年4月，世界贸易组织总干事鲁杰罗出面斡旋，建议先维持已有的谈判成果，1997年年初再给各参加方1个月的时间，重新审议各自在电信市场准入和最惠国待遇问题上的立场，并对各自的减让表进行修改。

参加方在1996年4月30日的服务贸易理事会上，成立了基础电信组，取代原来的基础电信谈判组，负责后续谈判，并采纳了总干事的建议，确定1997年2月15日为新的谈判结束期限。

基础电信组修改了关于参加会议的规则，使所有成员都拥有发言权，申请加入世界贸易组织的参加方以观察员身份与会。1996年7月，谈判重新恢复。此后，基础电信组每月召开一次会议，各方也分别就市场准入承诺举行了双边谈判。到1997年1月，各方已经为结束谈判做好准备，谈判最终取得了成功。

1997年4月15日，《〈服务贸易总协定〉第四议定书》在服务贸易理事会获得通过。在1997年剩余的时间里，各方履行国内批准程序，为接受议定书和履行所作的承诺作准备。该议定书于1998年2月5日起正式生效。

（二）《基础电信协定》的主要内容及参加方

《服务贸易总协定第四议定书》及其附件，构成了《基础电信协定》。该议定书只规定了生效时间等程序性问题，其附件包括基础电信服务具体减让表和《服务贸易总协定》第2条例外清单两个部分，是《基础电信协定》的主要内容。参加方在各自的减让表和例外清单中，就移动话音和数据服务、国内和国际的话音服务、传真服务、分组交换数据传输业务、电路交换数据传输业务等，承诺了不同程度的市场开放。

截至2011年6月30日，已接受《服务贸易总协定第四议定书》的参加方有：安提瓜和巴布达、阿根廷、澳大利亚、孟加拉国、伯利兹、玻利维亚、文莱、保加利亚、加拿大、智利、哥伦比亚、科特迪瓦、捷克、多米尼加共和国、厄瓜多尔、萨尔瓦多、欧洲共同体及其成员国（奥地利、比利时、丹麦、芬兰、法国、德国、希腊、爱尔兰、意大利、卢森堡、荷兰、葡萄牙、西班牙、瑞典、英国）、加纳、格林纳达、中国香港、匈牙利、冰岛、印度、印度尼西亚、以色列、牙买加、日本、韩国、马来西亚、毛里求斯、墨西哥、摩洛哥、新西兰、挪威、巴基斯坦、秘鲁、波兰、罗马尼亚、塞内加尔、新加坡、斯洛伐克、南非、斯里兰卡、瑞士、泰国、特立尼达和多巴哥、突尼斯、土耳其、美国、委内瑞拉等。尚未接受《服务贸易总协定第四议定书》的参加方有：巴西、菲律宾、多米尼加、危地马拉、巴布亚新几内亚。

二、《金融服务协定》

（一）谈判情况

乌拉圭回合谈判后期，各参加方虽在金融服务部门已作出一些市场准人和国民待遇承诺，但该部门整体开放水平仍然不高，以双边互惠为基础的最惠国待遇例外仍然广泛存在。因此，在乌拉圭回合结束时，各参加方决定延长该部门的谈判。

谈判在《服务贸易总协定》生效后6个月内继续进行，至1995年6月底结束。在此期限之前，成员可以改进、修改或撤回其就金融服务作出的部分或全部承诺，也可以援引新的最惠国待遇例外。

1995年7月28日，金融服务谈判结束，29个成员中有的改进了金融服务领域的具体承诺，有的取消或减少了金融服务领域的最惠国待遇例外。这些改进后的承诺作为《服务贸易总协定第二议定书》的附件。由于该议定书的参加方和承诺水平都很有限，特别是美国作为最主要的谈判方之一，没有对其承诺作出改进，而是采取了以双边互惠为基础的广泛的最惠国待遇例外，因此，《服务贸易总协定第二议定书》被认为是“临时性”的协定。各参加方决定再继续进行两年的谈判，直到1997年。

1997年4月，谈判重新举行。成员从1997年11月1日开始，到1997年12月12日谈判结束的最后期限，可再次修改或撤回有关金融服务的承诺和最惠国待遇例外。

1997年11月14日，服务贸易理事会首先通过了《服务贸易总协定第五议定书》。谈判参加方于1997年12月12日最后期限前，就修改后的金融服务承诺达成了协定。70个成员的56份减让表和16份最惠国待遇例外清单，成为该议定书的附件。在1999年1月29日前，参加方可决定是否批准接受该议定书。在此期限前，有52个参加方接受了该议定书。《服务贸易总协定第五议定书》于1999年3月1日正式生效。

（二）《金融服务协定》的主要内容及参加方

《服务贸易总协定第五议定书》及其附件，构成了《金融服务协定》。该议定书只规定了生效时间等程序性问题，其附件包括金融服务减让表和最惠国待遇例外清单两个部分，是《金融服务协定》的主要内容。参加方在各自的减让表和例外清单中，就银行、保险、证券及有关的辅助服务，承诺了不同程度的市场开放。

截至 2011 年 6 月 30 日，已接受《服务贸易总协定第五议定书》的参加方有：澳大利亚、巴林、保加利亚、加拿大、智利、哥伦比亚、哥斯达黎加、塞浦路斯、捷克、厄瓜多尔、萨尔瓦多、埃及、欧洲共同体及其成员国（奥地利、比利时、丹麦、芬兰、法国、德国、希腊、爱尔兰、意大利、卢森堡、荷兰、葡萄牙、西班牙、瑞典、英国）、洪都拉斯、中国香港、匈牙利、冰岛、印度、印度尼西亚、以色列、日本、韩国、科威特、中国澳门、马来西亚、马耳他、毛里求斯、墨西哥、新西兰、尼加拉瓜、挪威、巴基斯坦、秘鲁、罗马尼亚、塞内加尔、新加坡、斯洛伐克、斯洛文尼亚、南非、斯里兰卡、瑞士、泰国、突尼斯、土耳其、美国、委内瑞拉等。尚未接受《服务贸易总协定第五议定书》的参加方有：巴西、牙买加。

第十一章　与贸易有关的知识产权协定

《与贸易有关的知识产权协定》的宗旨是，促进对知识产权的有效和充分保护，防止与知识产权有关的执法措施或程序变成合法贸易的障碍，以减少对国际贸易的扭曲和阻碍。

知识产权是指，权利人对其在科学、技术、文化、艺术等领域的发明、成果和作品依法享有的专有权，也就是权利人对其通过智力活动创造出来的劳动成果所依法享有的权利。

第一节　产生背景

《与贸易有关的知识产权协定》的产生，有其深刻的历史背景。乌拉圭回合将与贸易有关的知识产权列入多边贸易谈判的议题，这被认为是对关税与贸易总协定传统范围的重大突破。

一、知识产权及其国际保护

有关知识产权保护的国际协定的起源，可以追溯到19世纪晚期。1883年制定的《保护工业产权巴黎公约》和1886年制定的《保护文学和艺术作品伯尔尼公约》，是知识产权国际保护的开端。1967年《建立世界知识产权组织公约》在瑞典斯德哥尔摩签订。世界知识产权组织于1970年4月成立，1974年成为联合国负责管理知识产权事务的专门机构，其宗旨是通过国家之间的合作并与其他国际组织配合，促进世界范围内的知识产权保护。一些地区性的知识产权保护条约或组织也相继缔结或建立。知识产权的国际保护空前加强。

现行的知识产权国际公约主要有：《保护工业产权巴黎公约》（通称《巴

黎公约》)、《保护文学艺术作品伯尔尼公约》（通称《伯尔尼公约》)、《商标国际注册马德里协定》（通称《马德里协定》)、《专利法条约》、《专利合作条约》、《保护植物新品种国际公约》、《保护表演者、录音制品制作者与广播组织公约》（通称《罗马公约》)、《集成电路知识产权条约》（通称《华盛顿条约》）等。

随着国际贸易的不断发展，通过转让技术、专利和商标的使用权及版权许可，含有知识产权的产品在国际贸易中所占比重越来越大。这些产品主要是新药品、新科技产品；计算机软件、电影、音乐、书籍；知名品牌商品；植物新品种等。

但是，由于各国对知识产权的保护水平不一致，法律规定不相协调，假冒商标、盗版书籍和盗版电影等侵犯知识产权的现象时有发生，对国际贸易发展造成了不必要的障碍。在这种情况下，加强与贸易有关的知识产权保护，成为进一步发展国际贸易的迫切需要。

二、《与贸易有关的知识产权协定》的产生

在乌拉圭回合之前，已经有一些知识产权国际公约，但这些公约仅对参加的缔约方具有约束力，且所规定义务的实施完全依赖缔约方的国内法，缺乏有效的国际监督机制，缔约方对此并不满意。他们认为，没有专门保护商业秘密的国际条约；《巴黎公约》没有规定专利的最低保护期限；已有公约对假冒商品的处理不够有力；对计算机软件和录音制品应当加强国际保护。他们还要求，建立一个有效的争端解决机制来处理与贸易有关的知识产权问题。

在多边贸易体制历史上，贸易与知识产权之间的关系在很长时间里一直是比较松散的。《1947 年关税与贸易总协定》也涉及了知识产权问题，有关国民待遇、最惠国待遇、透明度等条款，都可以适用于对知识产权的保护，但直接涉及知识产权的条款和内容很有限。该协定中仅仅提到，缔约方应互相合作，保护一缔约方领土内受其立法保护的、产品的独特地区或地理名称；保护知识产权的措施不得造成任意或不合理的歧视，以及构成对国际贸易的变相限制等。

关于防止假冒商品贸易问题在东京回合已开始讨论，美国曾就此提出过一个守则草案，但未能达成协议。1982 年 11 月，关税与贸易总协定缔约方部

长宣言中，首次将假冒商品贸易的议题列入了工作议程，要求关贸总协定总理事会协商确定在关税与贸易总协定框架下对假冒商品贸易采取联合行动是否合适；如果合适，应采取怎样的行动。1985 年，关贸总协定总理事会设立的专家小组得出结论：假冒商品贸易越来越严重，应当采取多边行动。但对关贸总协定是否为解决这一问题的合适场所，各方分歧很大，形成了发达成员和发展中成员之间意见截然相反的两个阵营。

以美国、瑞士等为代表的发达成员主张，应将知识产权列入多边贸易谈判的议题。美国甚至提出，如果不将知识产权作为新议题，将拒绝参加关税与贸易总协定第八轮谈判。发达成员还主张，应制定保护所有知识产权的标准，并且必须纳入争端解决机制。

以印度、巴西、埃及、阿根廷和南斯拉夫为代表的发展中成员认为，保护知识产权是世界知识产权组织的任务，应当把制止假冒商品贸易与广泛的知识产权保护区别开来。他们担心，引入跨领域的报复机制会构成对合法贸易的障碍；强化知识产权保护会助长跨国公司的垄断，特别是形成对药品和食品价格的控制，会对公众福利产生不利影响。

一直到 1986 年乌拉圭回合开始时，各成员也没有就是否将知识产权纳入多边谈判议题达成一致意见，但是至乌拉圭回合谈判后期，发展中成员逐步同意在关贸总贸定下就知识产权开展谈判并接受知识产权规则。

1991 年，关税与贸易总协定总干事提出了乌拉圭回合最后文本草案的框架，其中《与贸易（包括假冒商品贸易在内）有关的知识产权协定》基本获得通过。由于该协定毫无疑问地包括假冒商品贸易，因此该协定最后的标题中没有出现“假冒商品贸易”这一名称。

《与贸易有关的知识产权协定》主要是建立在发达成员知识产权保护水平基础上的。相对于发展中成员的经济发展水平而言，该协定所规定的知识产权保护标准和要求是相当苛刻的。接受《与贸易有关的知识产权协定》，是发展中国家在乌拉圭回合中所作出的主要让步之一。发展中国家接受《与贸易有关的知识产权协定》的主要原因是：

第一，乌拉圭回合一揽子协定中，包括了发展中成员国家所希望得到的一些好处，如《农业协定》规定逐步开放农业市场和削减农业补贴，《纺织品与服装协定》强化的争端解决机制等，因而接受《与贸易有关的知识产权协定》实际上是一种交换。

第二，许多发展中成员从20世纪80年代开始大量引进外资，意识到对知识产权加强保护的重要性，并认为从长远来看也可以从中受益。

第三，发达成员同意给发展中成员一些过渡期，以实施《与贸易有关的知识产权协定》。

第四，发展中成员还担心，没有《与贸易有关的知识产权协定》，美国国会将不会批准乌拉圭回合一揽子协定。

三、对原有相关国际公约的一些发展

同原有的知识产权国际公约相比，《与贸易有关的知识产权协定》全面规定了知识产权保护的最低标准，对知识产权保护执法和救济提出了明确要求，并且为知识产权国际争端的解决提供了途径。该协定对原有的知识产权国际公约还有一些突破。例如，扩大了专利保护领域，主要包括对药品和化工产品的保护，将发明专利的保护期统一为20年等。

《与贸易有关的知识产权协定》主要关注知识产权对贸易的影响。科学发现权、与民间文学有关的权利、实用技术专有权、创作者的精神权利等被认为是与贸易无关的知识产权，因而没有包括在《与贸易有关的知识产权协定》范围内。

《与贸易有关的知识产权协定》在世界贸易组织各种协定中有其独特之处。该协定规定，所有成员都应达到知识产权保护的最低标准，如专利保护期为20年；而货物贸易多边协定和《服务贸易总协定》则没有要求各国政策完全统一，如不同成员对相同产品可以有不同的关税，对相同的服务领域可以有不同的开放水平。《与贸易有关的知识产权协定》要求各成员积极采取行动保护知识产权，这与货物贸易多边协定和《服务贸易总协定》只对成员的政策进行约束也是不相同的。

第二节　主要内容

《与贸易有关的知识产权协定》所涵盖的知识产权，包括版权及相关权利、商标权、地理标识权、工业设计权、专利权、集成电路布图设计权、未披露信息专有权等7大类知识产权。

《与贸易有关的知识产权协定》共有7个部分73条。这7个部分是：总则和基本原则，关于知识产权的效力、范围及使用标准，知识产权执法，知识产权的获得、维持及有关当事人之间的程序，争端的防止与解决，过渡性安排，机构安排和最后条款。关于知识产权执法的具体内容在本章第三节介绍。

一、基本原则

成员应实施《与贸易有关的知识产权协定》的规定，并可在各自的法律制度和实践中确定实施该协定的适当方法；只要不违反该协定的规定，成员还可以在其法律中实施比该协定要求更广泛的保护，但这不是一种义务。

成员实施《与贸易有关的知识产权协定》的规定，不得有损于成员依照《巴黎公约》、《伯尔尼公约》、《罗马公约》及《集成电路知识产权条约》等已经承担的义务。

《与贸易有关的知识产权协定》还规定，成员应遵守以下基本原则。

（一）国民待遇原则

在知识产权保护上，每一成员给予其他成员国民的待遇，不得低于给予本国国民的待遇，但《巴黎公约》、《伯尔尼公约》、《罗马公约》及《集成电路知识产权条约》另有规定的可以例外。给予表演者、录音制品制作者和广播组织的国民待遇，仅适用于《与贸易有关的知识产权协定》所规定的权利。某些司法和行政程序，也可以成为国民待遇的例外。

（二）最惠国待遇原则

在知识产权保护上，一成员对任何其他国家国民给予的任何利益、优惠、特权或豁免，均应立即、无条件地给予其他成员的国民。把最惠国待遇原则引入知识产权的国际保护，是世界贸易组织的创造。但这个原则也有很多例外，具体表现在：

1. 来自有关司法协助或法律实施的国际协定的优惠等，但这种优惠并非专门针对知识产权保护，而是一般性的优惠。

2. 来自《伯尔尼公约》和《罗马公约》的互惠性保护。

3. 《与贸易有关的知识产权协定》未规定的有关表演者、录音制品制作者和广播组织的权利。

4. 《与贸易有关的知识产权协定》生效前已有有关知识产权保护的国际协定所派生的优惠等。

最惠国待遇原则和国民待遇原则还有一个总的例外，即这两个原则不适用于世界知识产权组织主持下订立的、有关取得或维持知识产权的多边协定中所规定的程序。

（三）促进经济与社会会福利原则

实施知识产权保护，应有助于促进技术革新、转让与传播，促进技术知识的创造者与使用者互利，增进社会、经济福利和保持权利与义务的平衡。

在与协定规定相符的前提下，成员可在制定或修订国内法律、法规时，采取必要措施，保护公众健康与营养，维护社会经济与技术发展等重要领域的公共利益；成员可采取适当措施，防止知识产权权利持有人滥用知识产权，或对贸易和国际技术转让进行不合理的限制。

二、有关知识产权的效力、范围及使用标准

（一）版权及相关权利

版权是指作者对其创作的文字、艺术和科学作品依法享有的专有权利，包括署名、发表、出版、获得报酬等权利。

相关权利是指与作品传播有关的权利，即表演者、录音制品制作者和传媒许可或禁止对其作品复制的权利。一些成员也称相关权利为邻接权。例如，未经表演者许可，不得对其表演进行录音、传播和复制；录音制作者对其录音制品的复制和商业出租享有专有权；传媒有权禁止未经许可对其传播内容进行录制、翻录和转播。

版权及相关权利保护的范围是：

1. 《伯尔尼公约》所指的“文学艺术”，包括文学、科学和艺术领域内的一切作品（不论其表现形式或方式），如书籍、演讲、戏剧、舞蹈、配词、电影、图画、摄影作品、地图等。

2. 计算机程序与数据的汇编。

3. 表演者、录音制品制作者和广播组织。

版权的保护期不得少于50年；表演者和录音制品制作者的权利应至少保护50年；广播组织的权利应至少保护20年。

（二）商标

商标是一企业的货物或服务与其他企业的货物或服务区分开的任何标记或标记组合。这些标记包括人名、字母、数字、图案、颜色的组合。

注册商标所有人享有专有权，以防止任何第三方在贸易活动中未经许可使用与注册商标相同或类似的标记来标示相同或类似的货物或服务。

驰名商标应受到特别的保护，即使不同的商品或服务，也不得使用他人已注册的驰名商标。一成员在确定一个商标是不是驰名商标时，应考虑相关公众对该商标的了解程度，包括在该成员领土内因促销而获得的知名度。

商标的首次注册及各次续展注册的保护期，均不得少于7年。商标的续展注册次数没有限制。如以没有使用商标为由撤销商标注册，其条件必须是该商标连续3年未使用。

（三）地理标识

地理标识是指识别某货物来源于某成员领土内，或来源于该成员领土内的某地区或某地点，该货物的特定质量、声誉或其他特征主要归因于其地理来源。

各成员应对地理标识提供保护，包括对含有虚假地理标识的商标拒绝注册或宣布注册无效，防止公众对货物的真正来源产生误解或出现不公平竞争。

《与贸易有关的知识产权协定》对葡萄酒和烈酒地理标识提供了更高水平的保护。该协定规定，成员应采取措施，防止将识别葡萄酒和烈酒的地理标识用于来源于其他地方的葡萄酒和烈酒。

（四）工业设计

工业设计是指，对产品的形状、图案、色彩或者其结合所作出的富有美感并适于工业上应用的新设计。

受保护的工业设计的所有人有权制止未经许可的第三方出于商业目的制造、销售或进口带有受保护设计的复制品。工业设计的保护期应不少于10年。

由于纺织品设计具有周期短、数量大、易复制的特点，因而得到了特别重视。《与贸易有关的知识产权协定》规定，对纺织品设计保护设置的要求，特别是费用、审查和公布方面的要求，不得影响这些设计获得保护。

（五）专利

一切技术领域中的任何发明，不论是产品还是方法，只要其具有新颖性、创造性并适合于工业应用，均可获得专利。

如果某些产品发明或方法发明的商业性开发，会对公共秩序或公共道德产生不利影响，包括对人类、动植物的生命健康或环境造成严重损害，则成员可以不授予专利。另外，对人类或动物的诊断、治疗和外科手术方法，微生物以外的动植物，以及不包括非生物、微生物在内的动植物的人工繁育方法，也可不授予专利权。但植物新品种应受到专利或其他制度的保护。

专利所有人享有专有权。对于产品，专利所有人应有权制止未经许可的第三方制造、使用、销售，或为上述目的而进口该产品；对于方法，专利所有人应有权制止未经许可的第三方使用该方法的行为，以及使用、销售或为上述目的进口依该方法直接获得的产品。

各成员的法律可以规定，在特殊情况下，允许未经专利持有人授权即可使用（包括政府使用或授权他人使用）某项专利，即强制许可或非自愿许可。但这种使用须有严格的条件和限制，如授权使用应一事一议；只有在此前合理时间内，以合理商业条件要求授权而未成功，才可申请强制许可；授权应给予适当的报酬等。

专利保护期应不少于20年。

（六）集成电路布图设计（拓扑图）

集成电路是指以半导体材料为基片，将两个以上元件（至少有一个是有源元件）的部分或全部互连集成在基片之中或者之上，以执行某种电子功能的中间产品或最终产品。

布图设计是指集成电路中的两个以上元件（至少有一个是有源元件）的部分或全部互连的三维配置，或者为集成电路的制造而准备的上述三维配置。

成员应禁止未经权利持有人许可的下列行为：为商业目的进口、销售或分销受保护的布图设计；为商业目的进口、销售或分销含有受保护的布图设计的集成电路；为商业目的进口、销售或分销含有上述集成电路的物品。

集成电路布图设计保护期应不少于10年。

（七）未披露信息的保护

未披露信息具有以下三个特征：一是属于秘密，通常不为从事该信息领域工作的人所普遍了解或容易获得；二是具有商业价值；三是为保密已采取合理措施。

合法拥有该信息的人，有权防止他人未经许可而以违背诚实商业行为的方式，披露、获得或使用该信息。

为获得药品或农药的营销许可而向政府提交的机密数据，也应受到保护，以防止不公平的商业应用。

（八）对许可合同中限制竞争行为的控制

国际技术许可合同中的限制竞争行为，可能对贸易具有消极影响，并可能阻碍技术的转让与传播。例如，独占性返授，即技术转让方要求受让方将其改进技术的使用权只授予转让方，而不得转让给第三方；又如，禁止对有关知识产权的有效性提出异议或强迫性的一揽子许可，即技术的转让方强迫受让方同时接受几项专利技术或非专利技术。成员可采取适当措施防止或控制这些行为。有关成员还可就正在进行的限制竞争行为和诉讼进行磋商，并在控制这些行为方面进行有效合作。

三、知识产权的获得、维持及有关程序

1. 各成员可以提出要求，获得或维持《与贸易有关的知识产权协定》所指知识产权的条件之一是，履行符合该协定规定的合理程序和手续。

2. 各成员应保证，有关知识产权如符合获得权利的实质性条件，应在合理期限内授予或注册，以避免无端地缩短保护期限。

3. 《巴黎公约》中关于商标注册的规定，也适用于服务标记。

4. 获得或维持知识产权的有关程序，以及成员法律中行政撤销和当事人之间有关异议、撤销与注销等程序，应遵循《与贸易有关的知识产权协定》中“知识产权执法”所规定的一般原则。

5. 通常情况下，根据上述任何程序作出的行政终局裁决，应受司法或准司法机关的审议。但在异议或行政撤销不成立的情况下，只要行使这种程序的理由可依照无效诉讼的程序处理，成员则无义务提供机会对这种行政裁决进行复议。

四、争端的防止与解决

各成员所实施的、同《与贸易有关的知识产权协定》内容相关的法律、法规，以及普遍适用的司法终局裁决和行政裁定，均应以该成员文字公布。有关法律、法规应通知与贸易有关的知识产权理事会，以便协助该理事会审议协定的执行情况。

根据《世界知识产权组织与世界贸易组织协定》，成员就立法向一个组织作出的通知，也被视为向另一个组织作出了通知，不必重复履行通知的义务。

成员解决《与贸易有关的知识产权协定》实施所产生的争端，应适用世界贸易组织争端解决机制。

五、过渡性安排

各成员应在《建立世界贸易组织协定》生效 1 年内适用《与贸易有关的知识产权协定》的规定。其中，发展中成员有权将实施日期再推迟 4 年，最不发达成员的实施日期可再推迟 10 年。

发达成员应向发展中成员、最不发达成员提供技术与资金支持，协助他们制定有关知识产权保护、执法及防止知识产权滥用的法律、法规，建立健全与此有关的国内官方及代理机构，以及人员培训。

六、机构安排和最后条款

世界贸易组织成立与贸易有关的知识产权理事会，监督《与贸易有关的知识产权协定》的实施，尤其是监督全体成员履行该协定的义务，并为成员协商与贸易有关的知识产权问题提供机会。

《与贸易有关的知识产权协定》最后条款，对该协定的审议和修正、保留、安全例外等作出了具体规定。

第三节　知识产权执法

有关知识产权执法的规定是《与贸易有关的知识产权协定》的重要内容之一。它比较详细地规定了各成员应向知识产权权利人提供的法律程序和救济措施，而且对这些程序和措施在实施中的有效程度也提出了要求，以使知识产权权利人能够有效地行使权利。

一、知识产权执法的一般义务

《与贸易有关的知识产权协定》对各成员的有关司法制度提出了原则性要求。

1. 各成员应保证其国内法中包括《与贸易有关的知识产权协定》规定的执法程序，以便对任何侵犯受该协定保护的知识产权的行为采取有效行动，包括采取及时防止侵权及遏制进一步侵权的救济措施。实施这些程序时，应避免对合法贸易造成障碍，并防止有关程序的滥用。

2. 知识产权执法的程序应公平、公正。这些程序不应过于繁琐或费用高昂，也不应限定不合理的时限或导致无端的迟延。

3. 对案件的裁决，最好采取书面形式，并陈述理由，且应在合理的时间内告知诉讼当事方。裁决只有在听取各方对证据的意见后方可作出。

4. 诉讼当事方应有机会要求司法机关对行政机构的最终裁定进行审查，并在遵守成员法律中有关案件司法管辖权规定的前提下，要求至少对初步司法裁决的法律方面进行审查。但是，对刑事案件中的无罪判决，成员没有义务提供审查机会。

5. 《与贸易有关的知识产权协定》并不要求各成员建立一套不同于一般执法体系的知识产权执法体系，也不影响各成员执行其国内法的能力。在知识产权执法与一般执法的资源配置方面，该协定未设定任何义务。

二、民事程序及相关措施

（一）公平和公正的程序

各成员应向权利持有人提供相关的民事司法程序，以保障其可以有效实施《与贸易有关的知识产权协定》所保护的任何知识产权。被告有权及时获得详细的书面通知，包括起诉依据。应允许当事方由独立的法律辩护人代表出庭，且在有关当事人强制出庭方面不得施加过重要求。该程序的所有当事方有权陈述其权利要求，并出示所有相关证据。在不违反成员现行宪法要求的前提下，该程序应规定一种识别和保护机密信息的办法。

（二）证据

1. 如果一当事方已出示合理获得的、足以支持其权利要求的证据，并指明了对方控制的、与证明权利请求相关的其他证据，司法机关在保证机密信息受到保护的条件下，有权命令对方出示该证据。

2. 在合理期限内，如果诉讼一方没有正当理由而自行拒绝提供或不提供必要的信息，或者严重阻碍与执法行动有关的程序，则成员可授权其司法机关根据自己收到的信息（包括由于未得到必要信息而受到不利影响的当事方提出的申诉或指控），作出初步或终局裁决，但应向各当事方提供就指控或证据进行陈述的机会。

（三）禁令

司法机关有权责令一当事方停止侵权，特别是有权在清关后立即阻止那些涉及知识产权侵权行为的进口货物进入其管辖内的商业渠道。但下述情况除外，即当事方获得或订购这些商品是在其知道或理应知道从事该交易会构成侵权之前。

（四）赔偿费

1. 对明知或应知自己从事侵权活动的侵权人，司法机关有权责令其向权利持有人支付足够的损害赔偿。

2. 司法机关还有权责令侵权人向权利持有人支付有关费用，包括相应的律师费用。在适当情况下，即使侵权人不是明知或应知自己从事的活动构成侵权，各成员也可授权司法机关责令其退还利润或支付法定赔偿金，或者两者并举。

（五）其他救济

为有效地遏制知识产权侵权，成员司法机关有权在不给予任何补偿的情况下，下令将被发现侵权的货物清除出商业渠道，以避免对权利持有人造成任何损害；或者在不违背成员现行宪法的情况下，下令将被发现侵权的货物销毁。司法机关还有权在不给予任何补偿的情况下，责令将主要用于制造侵权产品的材料和工具清除出商业渠道，以便将发生进一步侵权的风险减少到最低限度。

在考虑权利持有人的上述请求（将被发现侵权的货物清除出商业渠道或销毁）时，司法机关应权衡侵权的严重程度、给予的救济及第三方利益的均衡性。对于假冒商标货物，不能简单除去非法加贴商标后就允许其进入商业渠道，但例外情况除外。

（六）获得信息的权利

各成员可规定，司法机关有权责令知识产权侵权人将有关参与生产、分销侵权产品或服务所涉及的第三方的身份，以及他们的分销渠道告知权利持有人，除非这些信息与侵权关系不大。

（七）对被告的赔偿

1. 如应一当事方请求采取了相应措施，但该当事方滥用有关执法程序，司法机关有权责令该当事方向受到错误禁止或限制的另一当事方，就因这种滥用而遭受的损害提供足够的赔偿。司法机关还有权责令该当事方向被告支付包括相应的律师费在内的费用。

2. 对于依据保护或实施知识产权的法律所进行的管理，只有在管理中采取或拟采取的行动是出于善意的情况下，各成员才可免除公共部门及其官员因采取适当救济措施应承担的责任。

三、行政程序及相关措施

如果根据案情执行行政程序的结果是责令进行任何民事救济，则此类程序在实质上应与上述民事程序的有关原则相一致。

四、对边境措施的特别要求

（一）海关中止放行

各成员应按有关规定制定相关程序，允许权利持有人在有正当理由怀疑假冒商标或盗版货物有可能进口时，向行政或司法主管机构提出书面申请，要求海关中止放行这些货物进入自由流通。只要符合《与贸易有关的知识产权协定》要求，各成员可允许针对涉及其他知识产权侵权行为的货物提出这种申请。各成员也可制定关于海关中止放行从其境内出口的侵权货物的相应程序。

（二）申请

任何援用上述程序的权利持有人，在提出书面申请时，应按要求提供充分的证据以使主管机构相信，根据进口方的法律，可以初步断定权利人的知识产权受到了侵犯，并提供有关货物的详细说明，以便海关容易辨认。主管机构应在合理期限内告知申请人，是否已受理其申请，以及在主管机构已作出决定的情况下海关何时采取行动。

（三）保证金或同等的担保

1. 主管机构有权要求申请人提供足以保护被告和主管机构，以及防止滥用程序的保证金或同等的担保。这种保证金或相当的担保不应妨碍诉诸这些程序。

2. 如果根据非司法机关或其他独立机关的裁定，海关对涉及工业设计、专利、集成电路布图设计或未披露信息的货物暂停放行其进入自由流通，但在正式授权部门未给予临时救济的情况下，货物暂停放行的期限已到，且已满足有关进口的所有其他条件，则货物的所有人、进口商或收货人在对任何侵权交纳一笔足以保护权利持有人的保证金后，有权要求予以放行。保证金的支付不得妨碍权利持有人的任何其他救济，若权利持有人未能在合理期限内行使诉讼权，则该保证金应予发还。

（四）中止放行的通知

海关应及时通知进口商和申请人，有关货物已中止放行。

（五）中止放行的时限

在申请人被通知中止放行货物后的 10 个工作日期限内，如果海关未被告知除被告以外的其他当事方已就案件裁定提出诉讼，或者海关未被告知正式授权部门已采取临时措施延长货物中止放行期，则该货物应予放行，但须满足有关进口或出口的其他所有条件。在适当情况下，这一期限可以再延长 10 个工作日。若已就案件裁定提起诉讼，则应在被告提出请求的情况下进行复议，包括进行听证，以在合理期限内决定这些措施是否应予以修正、撤销或确认。

（六）对进口商和货物所有人的补偿

对因被错误扣押，或因扣押超过期限已放行的货物而遭受的损失，有关主管机构有权责令申请人向遭受损失的进口商、收货人和货物所有人支付适当的补偿。

（七）检验和获得信息的权利

在不妨碍保护机密信息的情况下，各成员应授权主管机构向权利持有人提供充分的机会，使之可请海关对扣押货物进行检验，以证实权利持有人申请的正确性。主管机构还有权给进口商提供同等的机会对该货物进行检验。各成员可授权主管机构在对一案情已作出肯定裁决的情况下，向权利持有人通报发货人、进口商和收货人的姓名、地址及所涉及的货物数量。

（八）依职权行动

各成员如果要求主管机构主动采取行动，并根据其获得的初步证据对有关正在侵犯知识产权的货物中止放行，则主管机关可在任何时候向权利持有人索取任何有助于行使这些权力的信息。主管机构还应立即告知进口商和权利持有人该货物中止放行。如果进口商向主管机关就中止放行提出上诉，有关中止放行应符合中止放行期限的有关规定；在采取或拟采取的行动是出于善意的情况下，各成员可免除公共部门和其官员因采取适当救济措施应承担的责任。

（九）救济

在不妨碍权利持有人享有的其他诉讼权利，并在被告有权要求司法机关进行审查的情况下，根据上述民事程序中其他救济所规定的原则，主管机关有权责令销毁或处理侵权货物。对假冒商标货物，除非有例外规定，主管机关不得允许侵权货物在未做改变的状态下，再出口或对其适用不同的海关程序。

（十）微量进口

对旅客个人行李中夹带的，或小件托运中运送的少量非商业性货物，各成员可不适用上述规定。

五、刑事程序及相关措施

各成员应规定刑事程序和处罚。这些程序和处罚至少适用于具有商业规模的故意假冒商标或盗版案件。可使用的救济措施应包括足以起威慑作用的监禁或罚金，或两者并举，处罚程度应与对同等严重程度犯罪的处罚水平相一致；在适当情况下，可使用的救济措施还应包括扣押、没收，以及销毁侵权货物和主要用于侵权活动的任何材料与工具。各成员可规定适用于其他知识产权侵权案件的刑事程序和处罚，尤其是针对故意并具有商业规模的侵权案件。

六、临时措施

1. 司法机关有权责令采取迅速和有效的临时措施，以阻止任何侵犯知识产权的行为发生，尤其是阻止有关货物进入其管辖下的商业渠道，包括刚刚清关不久的进口货物。司法机关还有权责令保护与被指控侵权相关的证据。

2. 司法机关有权在适当的时候采取不作预先通知的临时措施，尤其当任何延迟很可能对权利持有人造成难以弥补的损害时，或存在证据正被毁灭的明显风险时。

3. 司法机关有权要求申请人提供任何可以合理获得的证据，以使司法机关足以肯定该申请人是权利持有人，且该申请人的权利正受到侵犯，或这种侵权即将发生。司法机关有权责令申请人提供足以保护被告，以及防止滥用程序的保证金或相当的担保。

4. 如果已经采取了未作预先通知的临时措施，司法机关应至迟在执行该措施后立即通知受影响的各方。在被告提出请求的情况下，司法机关应对这些措施进行审议，决定这些措施是否应予以修正、撤销或确认。

5. 执行临时措施的主管机关在辨认相关的货物时，可要求申请人提供其他必要信息。

6. 司法机关在其确定的合理期限内，仍未能开始审理有关案件，在被告提出请求的情况下，应撤销或以其他方式终止依相关规定采取的临时措施。如果司法机关未确定时限，采取的临时措施则不超过 20 个工作日或 31 个日历日，以时间长者为准。

7. 如果临时措施被撤销，或临时措施由于申请人的任何作为或不作为而失效，或随后发现不存在知识产权侵权或侵权的威胁，则在被告提出请求的情况下，司法机关有权责令申请人向被告适当补偿因此遭受的任何损失。

8. 如果根据行政程序可采取任何临时措施，有关程序应符合上述原则。

第十二章　诸边贸易协定

《政府采购协定》和《民用航空器贸易协定》是世界贸易组织诸边贸易协定，成员可自愿参加，签署这两个协定的成员受其纪律约束，未签署的成员不受约束。《信息技术协定》是在世界贸易组织成立后达成的，任何成员及申请加入世界贸易组织的国家或单独关税区均可参加，协定参加方就关税减让所作承诺对所有世界贸易组织成员适用。世界贸易组织还有另外两个诸边贸易协定，即《国际奶制品协定》和《国际牛肉协定》，这两个协定已于1997年年底终止，在此不做介绍。

第一节　政府采购协定

《政府采购协定》的日的是通过在政府采购领域相互给予国民待遇，实现国际贸易和进一步扩大。政府采购是指政府为政府部门自用或为公共目的而购买货物或服务的活动，所购买的货物或服务不用于商业转售，也不用于生产供商业销售的货物。

一、产生背景

关税与贸易总协定创立之初将政府采购排除在国民待遇规则之外。《1947年关税与贸易总协定》规定，国民待遇的规定不适用于政府采购，即允许缔约方在进行政府采购时优先购买本国货物。

20世纪50年代以后，随着国家公共服务职能的加强，许多国家的政府及其控制的机构成为货物和服务的采购人，政府采购占据的货物和服务市场份额不断增加。促进政府采购市场的对外开放和扩大国际贸易，需要一个有约束力的政府间公共采购协定。

20 世纪 70 年代，欧洲共同体首先颁布了《关于协调公共工程服务合同、公共供货合同的授予规则和程序》的指令。欧洲共同体采取的这一重要步骤，促使关税与贸易总协定在东京回合中正式将政府采购纳入谈判议题。美、欧等发达缔约方最终达成《政府采购协定》，该协定于 1981 年生效，作为一个诸边协定，有关法律仅适用于参加方。

《政府采购协定》将关税与贸易总协定的非歧视、透明度等原则引入政府采购领域，但该协定所规定的贸易自由化程度是有限的。第一，它只适用于货物的采购，没有包括和服务建筑服务的采购，而后者在政府采购中占有重要份额。第二，它只约束中央政府采购实体，排除了地方政府和公用事业单位等重要的公共采购实体。为此，签署《政府采购协定》的 12 个缔约方在乌拉圭回合期间，通过谈判对该守则做了修订和补充，达成了《政府采购协定》。将协定涵盖范围扩大到服务和建筑服务以及地方政府和公用事业等公共的实体，该协定于 1996 年 1 月 1 日起生效。

截至目前，《政府采购协定》的 14 个参加方有：加拿大、欧洲联盟（奥地利、比利时、丹麦、芬兰、法国、德国、希腊、爱尔兰、意大利、卢森堡、荷兰、葡萄牙、西班牙、瑞典、英国、塞尔维亚、捷克、爱沙尼亚、匈牙利、拉脱维亚、立陶宛、马耳他、波兰、斯洛伐克、斯洛文尼亚、保加利亚、罗马尼亚）、中国香港、冰岛、以色列、日本、韩国、列支敦士登、荷属阿鲁巴、挪威、新加坡、瑞士、中国台北和美国，共计 41 个世界贸易组织成员。

二、主要内容

《政府采购协定》由 24 个条款和 4 个附录组成。协定正文主要包括适用范围、政府采购基本原则和规则、争端解决、政府采购委员会等内容。

（一）适用范围

1. 采购实体

《政府采购协定》只适用于参加方在各自涵盖范围中列出的政府采购实体。涵盖范围包含在《政府采购协定》附录 1 中。清单中所列的采购实体包括三类，分别是中央政府实体、地方政府实体和其他实体（如供水、供电等公用事业单位）。只有列入清单的采购实体才受《政府采购协定》的法律约束，以上实体分别列入附录 1 的附件 1、2、3，附录 1 的附件 4 列出服务开放范围，附件 5 列出建筑服务（即工程）开放范围。

有关涵盖范围的具体内容，是参加方根据本国政府采购市场开放需要并通过谈判确定的，因此各个参加方的涵盖范围并不相同。例如，美国的涵盖范围包括几乎全部联邦政府机构、37 个州的政府机构、11 个政府管理的实体；欧洲共同体的涵盖范围包括其成员国的中央政府机构，次一级政府机构，以及电力、港口、机场等公用事业实体；日本的涵盖范围包括几乎所有中央政府机构、47 个都道府县和 12 个城市的政府机构以及 84 个特殊法人。

2. 采购对象和采购合同

《政府采购协定》规定的采购对象是货物、服务及建筑服务。除该协定规定的例外情形之外，政府进行的所有货物采购都应纳入协定管辖范围。服务采购的具体范围，由参加方在附件 4 中列明。

《政府采购协定》规定的采购合同，包括购买、租赁、租购、有期权的购买和无期权的购买等方式。

3. 最低限额

当政府采购的合同金额达到《政府采购协定》规定的最低限额，或称门槛金额时，有关采购活动才受协定法律约束，门槛金额以下的采购合同不受约束。

中央政府采购实体货物和服务的最低限额是 13 万特别提款权，建筑服务的最低限额是 500 万特别提款权。地方政府实体和其他实体的最低限额由各参加方根据自身情况作出承诺。例如，美国承诺，地方政府货物的最低限额是 35. 5 万特别提款权，建筑服务的最低限额是 500 万特别提款权；政府所属机构货物的最低限额是 25 万特别提款权，建筑服务的最低限额是 500 万特别提款权。日本承诺，地方政府货物和服务的最低限额是 20 万特别提款权，建筑服务的最低限额是 1500 万特别提款权。

由于最低限额是适用《政府采购协定》的条件之一，因此参加方有可能会通过合同估价降低采购金额，从而规避协定法律。为避免出现这种现象，《政府采购协定》规定了进行合同估价的基本规则，要求不得为规避该协定的规定而分割任何采购项目。

（二）有关政府采购的基本原则和规定

1. 非歧视原则

签署方进行政府采购时，不应在外国的产品、服务和供应商之间实行差别待遇；给予外国产品、服务和供应商的待遇，不应低于国内产品、服务和供应商所享受的待遇。

签署方应当保证，既不能基于国别属性和所有权也不能基于产品和服务的生产、供应国别，对在当地设立的不同供应商实行差别待遇。

2. 透明度原则

《政府采购协定》要求参加方建立公开、透明的政府采购程序，公布有关政府采购的法律、法规、程序和做法。

《政府采购协定》要求，参加方的采购实体应在已向世界贸易组织通知的刊物上发布政府采购信息，包括招标的规章和程序和采购通知。除非在有限招标的情形下，否则采购实体都应在上述刊物上公布投标邀请书。采购实体还应公布实际采购情况，包括统计数字。

此外，参加方每年应向世界贸易组织通知列入清单的采购实体的采购统计数据，以及中央政府采购实体未达到“最低限额”的采购统计数据。

3. 公平竞争原则

对清单中列明的采购实体进行的达到或超过最低限额的政府采购，采购实体应为供应商提供公平竞争的机会，即实行招标。《政府采购协定》还对可能限制竞争的技术规格、供应商资格和原产地规则等做法做了规范。

（1）招标方式和招标程序

《政府采购协定》将招标分为公开招标、选择性招标和限制性招标三种。公开招标和选择性招标应是优先采用的采购方式。

公开招标是指所有有兴趣的供应商均可参加投标。

选择性招标是指由采购实体邀请的供应商参加投标。这实质上是对潜在供应商的预先选择。采购实体应拥有符合资格的供应商名单，该名单至少每年公布一次，并说明其有效性和条件。

限制性招标又称单一招标，是指采购实体在无人回应招标，情况紧急而又无法通过公开招标或选择性招标进行采购，或需要原供应商增加供应等条件下，与供应商进行个别联系。

对于招标程序，《政府采购协定》要求，采购实体应以透明和非歧视的方式进行招标，特别是保证实施国民待遇原则。该协定还对投标邀请，招标文件、投标期限、交货期限、投标书的提交、接受、开启和合同的授予等，都作了规定。还规定，对于未中标的供应商，采购实体应向其解释未中标的原因。

（2）有关可能限制竞争做法的规定

技术规格、供应商资格和原产地规则可用于限制竞争，因此《政府采购协定》对其分别进行了规范。

第一，技术规格的制定、采用或实施，不得对国际贸易造成不必要的障碍。

《政府采购协定》规定，采购实体不得在招标文件中提及某一特定的商标或商号、专利、设计或型号、原产地、生产商或供应商，除非没有准确或易懂的方法描述采购的技术规格要求。采购实体不得以妨碍竞争的方式，在制定具体采购规格时，寻求或接受与该采购活动有商业利益公司的建议。

第二，采购实体在审查供应商资格时，不得在其他参加方的供应商之间，或者在本国供应商与其他参加方的供应商之间构成歧视。

第三，一参加方对于因政府采购而从其他参加方进口的货物或服务实行的原产地规则，应与正常贸易下进口的货物或服务所实行的原产地规则相一致。

4. 质疑程序

《政府采购协定》规定，参加方应提供一套非歧视、透明和及时、有效的程序，以便供应商对采购过程中违反该协定的情形提出申诉。参加方有义务在3年内保留与采购过程相关的文件。供应商应在知道或理应知道该申诉依据时起的规定时限内（不得少于10天），开始质疑程序。

质疑程序是防止歧视性政府采购做法的重要制度。质疑案件应由法院或者与采购结果没有利害关系的公正独立的机构进行审理。为了维护商业和其他有关方面的利益，质疑程序一般应及时结束。

（三）争端解决

签署方之间争端的解决，原则上适用世界贸易组织《关于争端解决规则与程序的谅解》，但《政府采购协定》对于争端解决质疑有一些具体规定。

争端解决机构设立的专家组，应包括政府采购领域的专业人士；专家组应尽量在不迟于其职责范围确定后4个月，向争端解决机构提交最后报告，如需推迟提交时间，则应不迟于7个月；对于争端解决机构就《政府采购协定》下的争端作出的决定或采取的行动，只有参加方才可参与；在《政府采购协定》下产生的任何争端，不应造成世界贸易组织其他协定下参加方所作的减让或其他义务的中止。

（四）政府采购委员会的职能

世界贸易组织设立由参加方代表组成的政府采购委员会。该委员会在必要时召开会议，但每年不得少于一次。该委员会的职能是，为各参加方提供机会，就执行《政府采购协定》的任何事项进行磋商，并履行参加方指定的其他职责。

政府采购委员会可以设立工作组或其他附属机构，以执行委员会赋予的职能。

第二节　民用航空器贸易协定

《民用航空器贸易协定》的宗旨是，通过消除贸易壁垒和加强补贴纪律，全面开放民用航空器及其零部件的进口市场，实现全球范围民用航空器贸易的自由化，从而促进航空工业技术的持续发展。

一、产生背景

第二次世界大战以后，世界民用飞机制造业发展迅猛，美国和欧洲共同体等主要飞机制造大国垄断着世界民用飞机市场，加拿大、一些北欧国家及巴西等国的飞机制造业也具有一定的优势。由于民用飞机制造业资本投入大、技术含量高，因而各国政府一般给予大量的生产补贴。在民用飞机的采购过程中，各国存在关税壁垒、技术标准以及政府行政干预等限制进口的措施。在相当长的一段时期里，该领域的贸易规则一直游离于关税与贸易总协定的有效约束之外。

在东京回合中，美国和欧洲共同体的主要飞机制造国发起了关于民用航空器问题的谈判，其目的是将飞机进口关税削减为零，规范各国对飞机制造业给予的补贴和其他支持措施。经过谈判，美国和欧洲共同体等缔约方达成了《民用航空器贸易协定》，作为一项诸边协定，该协定于 1980 年 1 月 1 日正式生效。

《民用航空器贸易协定》的签署方包括关税与贸易总协定缔约方中民用航空器的主要生产国。但由于种种原因，加拿大、巴西等国当时没有参加该协定。

乌拉圭回合中，《民用航空器贸易协定》签署方曾试图对该协定的内容进行补充，扩大成员范围。由于意见分歧，最终未能取得共识。

世界贸易组织成立后，在《民用航空器贸易协定》如何与世界贸易组织法律框架相衔接方面遇到了一些问题。例如，如何适用世界贸易组织的争端解决机制。1999 年 4 月，民用航空器委员会主席提出了一份“《民用航空器贸易协定》议定书草案”，旨在澄清该协定在世界贸易组织中的法律地位，但至今该协定签署方仍未能就此达成一致。

此外，民用航空器委员会的讨论还曾涉及更新 1996 年协调税制的税号，将“飞行器地面维护设备的模拟器”纳入《民用航空器贸易协定》附件等问题，但该协定签署方也未能达成一致意见。

目前，民用航空器贸易委员会审议的主要问题有：美国“面向21世纪航空投资改革法案”，欧洲共同体“航空器引擎噪音控制规定”，比利时“航空工业支持计划及大型飞行器的验证制度”等。

目前，《民用航空器贸易协定》共有31个签署方：阿尔巴尼亚、加拿大、欧洲联盟（奥地利、比利时、保加利亚、丹麦、爱沙尼亚、法国、德国、希腊、爱尔兰、意大利、拉脱维亚、立陶宛、卢森堡、马耳他、荷兰、葡萄牙、罗马尼亚、西班牙、瑞典、英国）、埃及、格鲁吉亚、日本、中国澳门、挪威、瑞士、中国台北和美国。

二、主要内容

《民用航空器贸易协定》由9个条款和1个附件组成。主要内容包括适用范围、有关民用航空器贸易的规则、机构设置和争端解决等。

（一）适用范围

《民用航空器贸易协定》的适用范围，主要有以下四类产品：

1. 所有民用航空器；
2. 所有民用航空器发动机及其零件和部件；
3. 民用航空器的所有其他零件、部件及组件；
4. 所有地面飞行模拟机及其零件和部件。

在民用航空器的制造、修理、维护、改造、改型或改装中，上述产品无论是用做原装件还是替换件，都属于该协定的适用范围。

2001年11月23日签署方达成了《关于修正〈民用航空品贸易协定〉附件的议定书》，对协定附件中的产品范围进行了调整。

（二）有关民用航空器贸易的规则

1. 关税减让

《民用航空器贸易协定》规定，各签署方在1980年1月1日前或该协定生效之日前，取消对该协定附件所列产品进口征收的关税，以及与进口有关的其他费用；取消对民用航空器修理所征收的关税和其他费用。上述关税和费用减让一并列入签署方的关税减让表。

按照多边最惠国待遇原则，这些关税减让优惠将适用于所有世界贸易组织成员。

2. 技术性贸易壁垒

《民用航空器贸易协定》规定，各签署方关于民用航空器的认证要求，以及关于操作和维修程序的规格，应执行《技术性贸易壁垒协定》。

3. 规范政府在民用航空器贸易方面的行为

《民用航空器贸易协定》规定，购买者只能根据价格、质量和交货条件购买民用航空器，并有权根据商业和技术因素选择供应商。各签署方不得要求航空公司、航空器制造商或从事民用航空器购买的其他实体，购买特定来源的民用航空器，也不得为此施加不合理的压力，以免对供应商造成歧视。

《民用航空器贸易协定》还规定，各签署方不得以数量限制或进出口许可程序限制民用航空器的进出口。

4. 政府支持、出口信贷和航空器营销方面的规则

《民用航空器贸易协定》规定，《补贴与反补贴措施协定》适用于民用航空器贸易，成员在实施不可诉讼补贴时，应避免对民用航空器贸易产生不利影响。

《民用航空器贸易协定》还规定了民用航空器的定价规则。在定价时，应考虑所有成本的回收，包括非经常性项目成本，由军队研究和开发但随后用于民用航空器生产的有关航空器、部件和系统的成本（这部分成本应是可确定且按比例分摊），平均生产成本以及财务成本。

5. 确保民用航空器贸易政策的统一性

《民用航空器贸易协定》，各签署方不得直接或间接要求或鼓励各级政府、非政府机构和其他机构采取与该协定不一致的措施。签署方应保证，在该协定对其生效之日，其法律、法规和行政程序符合该协定的规定。在透明度方面，签署方应将与该协定有关的法律、法规及其变化情况通知民用航空器贸易委员会。

三、机构设置和争端解决

根据《民用航空器贸易协定》，成立了民用航空器贸易委员会。该委员会由所有签署方代表组成，每年至少召开一次会议，为签署方就该协定的实施问题举行磋商提供机会。该委员会应每年审议《民用航空器贸易协定》的执行情况，并向世界贸易组织总理事会报告审议结果。

《民用航空器贸易协定》规定，如签署方认为其在该协定下的贸易利益受到另一签署方的影响，应首先通过双边磋商寻求双方可以接受的解决办法。如磋商未果，可请求民用航空器贸易委员会审议。该委员会应在30天内召开会议，尽快审议并作出裁决或建议。

在解决《民用航空器贸易协定》所涉及的争端时，各签署方和民用航空器贸易委员会应适用世界贸易组织的争端解决程序，但在细节上可做必要修改。

附：《信息技术协定》

《信息技术协定》的宗旨是，通过削减信息技术产品关税，在全球范围内实现信息技术产品贸易的自由化，从而促进信息技术产业不断发展。

一、产生背景

信息技术革命对世界经济贸易产生重大而深刻的影响，推动了经济全球化的不断深入。随着信息技术的迅猛发展，信息技术产品贸易额不断增加。最大限度地扩大全球范围内信息技术产品市场并降低成本，变得越来越迫切和重要。1996年年初，美国率先提出了到20世纪末实现信息技术产品贸易自由化的设想。

1996年7月，美国在新西兰召开的亚太经济合作组织贸易部长会议上，正式提出了关于谈判信息技术协定的建议，争取亚太经济合作组织成员的支持。这次会议结束时发表的主席声明，对美国提出的建议表示有兴趣和原则支持。

1996年9月，美国、欧洲共同体、日本、加拿大在美国西雅图召开四方贸易部长会议。经过激烈的讨价还价，会议同意在四方内部立即开始进行有关信息技术协定的谈判争取在同年12月的世界贸易组织首届部长级会议召开前完成谈判。

1996年10月，美国、欧洲共同体、日本、加拿大四方的专家在日内瓦就有关信息技术协定最重要的内容，即产品范围进行谈判。四方不断召集主要发展中国家和地区参加非正式会议，但只是通报四方谈判情况。

1996年12月，世界贸易组织首届部长级会议在新加坡举行。会前，美国、欧洲共同体、日本、加拿大四方已就有关信息技术协定的主要产品范围达成一致意见。部长级会议期间又举行了多次会议，最终达成了《关于信息技术产品贸易的部长宣言》，共有29个国家参加。该宣言由正文和附件（关税减让模式及关于产品范围的两个附表）组成。

《关于信息技术产品贸易的部长宣言》规定，该宣言如期生效应满足的条件是，在1997年4月1日之前，必须有占全球信息技术产品贸易总量约90%的参加方接受该宣言。

1997 年 3 月 26 日，参加《关于信息技术产品贸易的部长宣言》的 40 个国家的信息技术产品贸易已占全球该产品贸易总量的 92.5%，该宣言如期生效。

《信息技术协定》是世界贸易组织成立后达成的一项重要协定，任何世界贸易组织成员及申请加入世界贸易组织的国家或单独关税区均可参加该协定，但需要提交关税减让表、产品清单等文件，并获得《信息技术协定》已有成员的审议通过。截至目前，协定共有 47 个参加方（含 73 个 WTO 成员）。

表 12－1 《信息技术协定》参加方

阿尔巴尼亚	澳大利亚	巴林	保加利亚[1]
加拿大	中国	哥斯达黎加	克罗地亚
多米尼加	埃及	萨尔瓦多	欧盟 25 个成员国[2]
格鲁吉亚	危地马拉	洪都拉斯	中国香港
冰岛	印度	印度尼西亚	以色列
日本	约旦	韩国	吉尔吉斯
中国澳门	马来西亚	毛里求斯	摩尔多瓦
摩洛哥	新西兰	尼加拉瓜	挪威
阿曼	巴拿马	秘鲁	菲律宾
罗马尼亚*	沙特阿拉伯	新加坡	瑞士（含列支敦士登）
中国台北	泰国	土耳其	乌克兰
阿拉伯联合酋长国	美国	越南	

注：1. 保加利亚和罗马尼亚为单独减让表。

2. 奥地利、比利时、丹麦、芬兰、法国、德国、希腊、爱尔兰、意大利、卢森堡、荷兰、葡萄牙、西班牙、瑞典、瑞士、英国、塞尔维亚、捷克、爱沙尼亚、匈牙利、拉脱维亚、立陶宛、马耳他、波兰、斯洛伐克、斯洛文尼亚共用一个减让表。

二、主要内容

《信息技术协定》的核心内容是，2000 年 1 月 1 日前取消信息技术产品的关税及其他税费，部分发展中国家可以将其减税实施期延至 2005 年 1 月 1 日。对于 2005 年以后加入协定的国家，实施期取决于与主要利益方的谈判。

（一）约束并分阶段取消关税

《信息技术协定》规定，参加方在 1997 年 7 月 1 日前约束信息技术产品的关税，并在 1997～2000 年期间分四个阶段均等削减关税至零，每一阶段削减现行关税的25%。

第一阶段，在1997年7月1日前，各参加方将信息技术产品的关税削减25%；第二阶段，在1998年1月1日前，关税进一步削减25%；第三阶段，在1999年1月1日前，关税再削减25%；第四阶段，在2000年1月1日前，削减余下的25%，至此完全取消信息技术产品的关税。

信息技术产品的关税削减是在最惠国待遇基础上实施的，即所有世界贸易组织成员，无论是否参加《信息技术协定》，均可享受这一优惠待遇。

（二）取消其他税费

《信息技术协定》规定，参加方对《1994年关税与贸易总协定》第2条第1款（b）项所规定的其他税费，应于1997年7月1日前取消。参加方减让表可包含例外，但多数减让表中没有提出例外。

（三）产品范围

《信息技术协定》涉及的产品非常广泛，约占《商品名称及编码协调制度》中的近300个税号。由于很多产品是新产品，在该制度中没有相应的编码，因此《信息技术协定》将产品范围分为两类，即附表A和附表B。附表A为《商品名称及编码协调制度》中有明确编码的产品清单，各参加方使用统一的6位编码，各国可根据子目，再适当细分为8位编码；附表B为无法按《商品名称及编码协调制度》分类的产品清单，只对具体产品进行了描述，各参加方根据产品描述确定这些产品各自的编码。

附表A和附表B所列的信息技术产品，主要集中在《商品名称及编码协调制度》第84、85和90章，个别产品在第38、68和70章。主要有以下几大类：

计算机：计算机系统、笔记本电脑、中央处理器、键盘、打印机、显示器、扫描仪、硬盘驱动器、电源等零部件；

电信设备：电话机、可视电话、传真机、电话交换机、调制解调器、送受话器、应答机、广播电视传输接收设备、寻呼机等；

半导体：各种型号和容量的芯片及晶片；

半导体生产设备：包括多种生产半导体的设备和测试仪器，如蒸气析出装置、旋转式甩干机、刻蚀机、激光切割机、锯床及切片机、离心机、注射机、烘箱及加热炉、离子注入机、显微镜、检测仪器，以及上述产品的零部件和附件；

软件：以磁盘、磁带或只读光盘等为介质；

科学仪器：测量和检测仪器、分色仪、分光仪、光学射线设备及电泳设备等；

其他：文字处理机、计算器、现金出纳机、自动提款机、静止式变压器、显示板、电容器、电阻器、印刷电路、电子开关、连接装置、电导体、光缆、复印设备、计算机网络（局域网、广域网设备）、液晶显示屏、绘图仪、多媒体开发工具等。

（四）发展中国家可延长减税实施期

《关于信息技术产品贸易的部长宣言》规定，发展中国家可以延长关税减让实施期，最长可到2005年1月1日。但这种例外不是针对产品的例外，所有信息技术产品的关税届时都需降至零。关税减让实施期超过2000年的产品，每年的减税幅度根据实施期长度等分得出。比如，某种产品的关税减让从1997年延长至2002年，则先将此种产品的关税约束在现有水平（非基础税率水平）上，分6次（2000年1月1日前4次，2000年1月1日至2002年1月1日共2次）均等削减至零，每次削减现有关税的六分之一。

对信息技术产品的关税减让，由于各个国家的发展情况不同，因此他们选择的产品在数量和部门范围上也不相同，但基本出发点是一致的，即通过更长的实施期，为各自目前一些相对落后的产业部门提供较为充裕的发展时间。

附录一

关税谈判简要介绍

关税谈判是关税与贸易总协定和世界贸易组织的重要内容。关税谈判是谈判各方通过不同的谈判形式，削减和约束进口关税的过程，谈判结果汇总形成关税减让表。关税谈判的目的是，削减和约束各缔约方或成员的进口关税，消除贸易壁垒，使国际贸易具有稳定性和可预见性。在世界贸易组织所有协定中，没有关于关税谈判的单独协定，只在《1994 年关税与贸易总协定》第 2 条、第 28 条和第 28 条之二中做了一些规定。

一、关税和关税减让

关税是主权国家或单独关税区海关对进出关境的货物征收的流转税。

关税主要有两种类型，即从价税和从量税。其他形式还有如复合税、选择税等，均是在此基础上演变而来的。从量税是基于进口货物的单位数量征收关税以货币形式表示，从价税是基于进口货物的价格征收关税，以百分比形式表示。复合税是对某一货物既征收从价税，又征收从量税。选择税是对某一货物根据规定的条件，或征收从量税或征收从价税。

在不同的历史时期，关税的作用有所不同，一般表现为财政作用、保护作用和调节作用。

就关税的财政作用而言，关税是国家税收的一种。特别对于发展中国家，关税收入是其政府财政收入的重要来源。关税的征收十分方便和直接，只要一个国家对进口货物征收关税，就可以增加财政收入。由于各国的关税水平不同，以及税率结构和进口结构各异，关税在财政中的重要性也不同。

关税的保护作用体现在，对进口货物征收关税，必然增加进口货物的成本，降低其在进口国市场的竞争力，相应地提高该国国产品的竞争力，从而抑制了国外同类产品的进口。传统关税理论认为，应针对不同的商品设置不同的关税税率，即对原材料征收较低的关税，对制成品征收较高的关税，对中间产品征收的关税介于两者之间；尤其是国内确需保护的产业，应对同类产品的进口征收高额关税。但是，关税的保护，并不意味着关税水平越高，保护作用就越大；关税的保护应是一种适度保护，只有通过设置合理的关税水平及关税结构，才可以起到有效保护国内产业的作用。

关税的调节作用是，通过调整关税水平及关税结构，调节进出口贸易结构，改善本国贸易条件，促进对外贸易发展。

关税在发挥上述作用的同时，也会对国际贸易发展构成严重阻碍。为了实质性削减关税水平，从 1947 年至 1994 年，在关税与贸易总协定框架下，共进行了八轮关税减让谈判。

各方经过关税减让谈判，将各自的全部或部分产品关税固定在某一水平，这一关税水平通常称为约束关税。约束关税是关税减让的结果。

关税与贸易总协定和世界贸易组织所指的“减让”，具有广泛含义。一是削减关税并约束减让后的税率；二是约束现行的关税水平；三是上限约束税率，即将关税约束在高于现行税率的某一特定水平，各方的实施税率不能超出这一水平；四是约束低关税或零关税。

二、关税谈判的基础

关税谈判必须有两个基础，一是商品基础，二是税率基础。

（一）商品基础

关税谈判的商品基础，是各国的海关进口税则。海关进口税则包括进口商品的税号，与税号相对应的进口商品名称和相关的进口税率。各国海关根据世界海关组织的《商品名称及编码协调制度》制定进口税则。该协调制度对不同的商品采用 6 位数字编码。前 2 位数字代表章，3、4 位代表目，5、6 位代表子目。各国在 6 位数字编码基础上，再细化为 8 位或 10 位编码，形成某一类商品或某一种商品的税号。一个税号确定的商品范围大体上是一致的。因此，在谈判中用税号确定商品范围，使谈判人员具有“共同语言”。

（二）税率基础

税率基础是关税减让的起点。每一次谈判的税率基础是不同的，一般以上一次谈判确定的税率即约束税率作为进一步谈判的基础。

对于没有约束税率的商品，谈判方需要共同确定一个税率。如在乌拉圭回合中，对于没有约束税率的工业品，以 1986 年 9 月关税与贸易总协定缔约方的实施税率，作为乌拉圭回合关税谈判的基础税率；对于农产品，发展中缔约方可以自己对部分产品提出一个上限约束水平作为基础税率。

加入世界贸易组织关税谈判的基础税率，一般是申请方开始进行关税谈判时国内实际实施的税率。

三、关税谈判的原则

根据《1994 年关税与贸易总协定》第 28 条之二的规定，世界贸易组织成员应在互惠互利基础上进行谈判，实质性削减关税和其他进口费用的总体水平，特别是应削减阻碍最低数量进口的高关税。在谈判中，还应适当注意该协定的目标和成员的不同需要。

互惠互利是关税谈判的原则，各方只有在互惠互利的基础上才能达成协议。互惠互利应从整个国家的贸易发展来看，不能仅局限于具体的关税谈判上。互惠互利也并不意味着在所有的关税谈判中，谈判双方都要作出减让承诺，如在加入谈判时，承诺减让的只有申请加入的一方。申请方加入世界贸易组织后，可以从成员在多边框架下已作的关税减让承诺中获益。

关税谈判应充分考虑每个成员、每种产业的实际需要；充分考虑欠发达国家使用关税保护本国产业，以及增加财政收入的特殊需要；还应顾及各成员经济发展等其他需要。

四、关税谈判的类型及谈判程序

关税谈判大体可分为三种类型，即多边关税谈判、加入时的关税谈判及修改或撤回减让表的关税谈判。不同类型的关税谈判具有不同的谈判程序，享有谈判权的资格条件也不同。

（一）多边关税谈判

多边关税谈判是指，由所有关税与贸易总协定缔约方或世界贸易组织成员参加的，为削减贸易壁垒而进行的关税谈判。多边关税谈判可邀请非缔约方或成员参加。关税与贸易总协定框架下举行的八轮多边贸易谈判中的关税谈判，都属于多边关税谈判。多边关税谈判的程序通常为：

—由全体缔约方或成员协商一致发起，并确定关税削减的最终目标；

—成立谈判组织，根据关税削减的最终目标通过谈判确定关税削减模式；

—根据削减模式制订关税减让表，将谈判结果汇总成为多边贸易谈判的结果的组成部分，经参加方签字后生效。

多边关税谈判是相互的，任何缔约方或成员，均有权向其他缔约方或成员要价，也有义务对其他缔约方或成员的要价作出还价，并根据确定的规则作出对等的关税减让承诺。

（二）加入时的关税谈判

加入申请方都要与成员进行关税谈判，谈判的目的是为了削减并约束申请方的关税水平。加入时的关税谈判程序是：

—申请方提出关税出价，邀请感兴趣的成员与其开展谈判。

—各成员根据其产品在申请方市场上的具体情况，提出各自的关税要价单，申请方根据对方的要价，并考虑本国产业情况进行出价，谈判双方进行讨价还价。

—达成一致后双方签署双边市场准入协议。

—在与全部提出关税谈判的成员签署协议后，将所有双边谈判的减让表汇总形成加入方的关税减让表，作为加入议定书的附件。

任何成员均有权向申请方提出关税减让要求，是否与申请方进行谈判，由各成员自行决定，要求谈判的成员还可要求申请方给予某项产品最初谈判权。加入时的关税谈判，减让是单方面的。申请方有义务作出减让承诺，无权向成员提出关税减让要求。

（三）为修改或撤销减让而进行的关税谈判

为修改或撤销减让而进行的关税谈判指，一成员修改或撤回关税减让承诺，与受影响的其他成员进行的谈判。这种谈判以双边方式进行：

—通知世界贸易组织货物贸易理事会，要求修改或撤回某项产品的减让，理事会授权该成员启动关税谈判；

—与有关成员进行谈判，确定修改或撤回的减让幅度，给予补偿的产品及关税减让的水平等。一般来说，补偿的水平应与撤回的水平大体相同；

—谈判达成一致后，应将谈判的结果并入减让表，按照最惠国待遇原则实施；

—若谈判未能达成一致，申请方可以单方采取行动，撤销减让；但其他有谈判权的成员可以采取相应的报复行动，撤销各自减让表中对申请方有利益的减让。

有资格参加修改或撤销减让的关税谈判的成员，包括拥有最初谈判权的成员、拥有主要供应利益的成员或具有实质供应利益的成员。如与以上成员达成一致，则提出申请的成员可以修改或撤销其减让表中某项减让，如无法达成一致，以上各方有权修改或撤销与提出申请的成员最初谈判的实质相符的减让。

五、关税谈判的方式

关税谈判的方式主要有三种：即产品对产品谈判，公式减让谈判，部门减让谈判。

（一）产品对产品谈判

产品对产品谈判是指，一成员根据对方的进口税则产品分类，向谈判对方提出自己具有利益产品的要价单，被要求减让的一方根据有关谈判原则，对其提出的要价单按具体产品进行还价。

提出要价单的一方通常称为要价方。要价方在提出的要价单中，一般包括具有主要供应利益、实质供应利益及潜在利益的产品。

（二）公式减让谈判

公式减让谈判是指，对所有产品或所选定产品的关税，按某一议定的公式进行削减的谈判。

（三）部门减让谈判

部门减让谈判是指，将选定产品部门的关税削减为零或削减并约束在某一水平上的谈判。部门减让的产品范围，一般按照《商品名称及编码协调制度》的6位编码确定。

在部门减让谈判中，将选定产品部门的关税统一削减为零，该部门称为零关税部门；将选定产品部门的上限关税税率统一约束在某一水平，该部门称为协调关税部门。

在实践中，以上三种谈判方式交叉使用，并非仅使用其中一种。通过公式减让或部门减让谈判，解决成员关心的大部分产品问题；通过产品对产品谈判，解决个别重点产品问题。产品对产品谈判往往在双边基础上进行，是关税与贸易总协定的传统谈判方式。公式减让及部门减让多用于多边贸易谈判。

六、关税减让表

关税减让表是各成员关税减让结果的具体体现。在乌拉圭回合后，各成员的减让表均作为附件列在乌拉圭回合最后文件中，是世界贸易组织协定的组成部分。减让表也是一国加入世界贸易组织议定书的附件。

关税谈判结果的税率与各成员实施的税率是不同的。谈判结果的税率是约束税率，而实施税率是各成员公布的法定税率。各成员实施的关税水平，均不得高于其在减让表中承诺的税率以及逐步削减的水平。关税减让表的格式如表 13－1。各国关税减让结果主要包含在第 1 节农产品和第 2 节其他产品（称为“非农产品”）中。

表 13－1　关税减让表的格式

Part I Most-Favoured Nation Tariff 第一部分　最惠国税率
Section I Agricultural Products 第 1 节　农产品
Section I-A Tariffs 第 1A 节　关税
Section I-B Tariff Quotas 第 1B 节　关税配额
Section II Other Products 第 2 节　其他产品
Part II Preferential Tariff（if applicable） 第二部分　优惠关税（如适用）
Part III Non-Tariff Concessions 第三部分　非关税减让
Part IV：Agricultural Products Commitments Limiting Subsidization 第四部分　农产品：限制补贴的承诺
Section I Domestic Support：Total AMS Commitments 第 1 节　国内支持：综合支持总量承诺
Section II Export Subsidies Budgetary Outlay and Quantity Reduction Commitments 第 2 节　出口补贴：预算支出与数量削减承诺
Section III Commitments Limiting the Scope of Export Subsidies 第 3 节　限制出口补贴范围的承诺

附录二

有关术语中英文对照

~A~	
Accession	加入
Acceptable risk level	可接受的风险水平
Actionable subsidy	可诉补贴
Ad valorem tariff	从价税
Aggregate measurement of sup port（AMS）	综合支持量
Agreement on Textiles and Clothing（ATC）	《纺织品与服装协定》
Air transport services	空运服务
Amber box measures	黄箱措施
Annex	附件
Annual bound commitment	年度承诺水平
Anti-circumvention	反规避
Anti-competitive practices	反竞争行为
Anti-dumping duty	反倾销税
Audiovisual services	视听服务
Automatic licensing	自动许可程序
Appendix	附录
Appeal	上诉
Appellate body	上诉机构

（续表）

Appropriate level of sanitary or phytosanitary protection	适当卫生与植物卫生保护水平
Acquisition of intellectual property rights	知识产权的取得
Arbitration	仲裁
Areas of low pest or disease prevalence	病虫害低度流行区
Assessment of risk	风险评估
Association of Southeast Asian Nations (ASEAN)	东南亚国家联盟（东盟）
Australia-New Zealand Closer Economic Relations（ANCER）	《澳大利亚与新西兰更紧密经济关系协定》
~ B ~	
Berne Convention	《伯尔尼公约》
Base tariff level	基础税率
Basic Instruments and Selected Documents (BISD)	《基本文件资料选编》
Basic telecommunication services	基础电信服务
Best information available	可获得的最佳信息
Blue box measures	蓝箱措施
Balance-of-payments（BOP） provisions	国际收支条款
Built-in agenda	既定议程
Business services	商业服务
Bound level	约束水平
~ C ~	
Cairns Group	凯恩斯集团
Causal link	因果关系
Ceiling bindings	上限约束
Central Product Classification（CPC）	（联合国）《中央产品分类》
Challenge procedures	质疑程序
Clean report of findings	检验结果清洁报告书
Codex Alimentarius Commission（CAC）	食品法典委员会

（续表）

Common Agriculture Policy（CAP）	共同农业政策
Communication services	通信服务
Conciliation	调解
Confidential information	机密信息
Conformity assessment procedures	合格评定程序
Circumvention	规避
Combined tariff	复合税
Commercial presence	商业存在
Committee on Trade and Development（CTD）	贸易与发展委员会
Committee on Trade and Environment（CTE）	贸易与环境委员会
Compensation	补偿
Competition policy	竞争政策
Complaining party	起诉方
Computed value	计算价格
Consensus	协商一致
Constructed value	推定价格
Consultation	磋商
Consumption abroad	境外消费
Copyright	版权
Council for Trade in Goods（CTG）	货物贸易理事会
Counterfeit trademark goods	冒牌货
Counter-notification	反向通知
Countervailing duty	反补贴税
Contracting parties	缔约方
Cross border supply	跨境交付
Cross retaliation	交叉报复
Currency retention scheme	货币保留方案

（续表）

Current market access（CMA）	现行市场准入
Current total AMS	现行综合支持总量
Customs value	完税价格
Customs valuation	海关估价
Customs union	关税同盟
~D~	
de minimis	微量
Developed member	发达成员
Developing member	发展中成员
Direct payment	直接支付
Distribution services	分销服务
Domestic industry	国内产业
Domestic production	国内生产
Domestic sales requirement	国内销售要求
Domestic subsidy	国内补贴
Domestic support	国内支持
Dispute Settlement Body（DSB）	争端解决机构
Understanding on Rules and Procedures Governing the Settlement of Disputes（DSU）	《关于争端解决规则与程序的谅解》
Due restraint	适当克制
Dumping	倾销
Dumping margin	倾销幅度
~E~	
Economies in transition	转型经济体
Enabling Clause	授权条款
Enforcement of intellectual property rights	知识产权执法
Equivalence	等效性
European Communities（EC）	欧洲共同体

（续表）

European Free Trade Association（EFTA）	欧洲自由贸易联盟
Electronic commerce	电子商务
Enquiry point	咨询点
European Union（EU）	欧洲联盟
Exhaustion of intellectual property rights	知识产权权利用尽
Existing subject matter	现有客体
ex officio	依职权
Export credit	出口信贷
Export credit guarantee	出口信贷担保
Export performance	出口实绩
Export subsidy	出口补贴
~F~	
Fall-back method	回顾方法
Findings	调查结果
First-come first served	先来先得
Food and Agriculture Organization of the United Nations（FAO）	联合国粮农组织
Food security	粮食安全
Foreign direct investment（FDI）	外国直接投资
Foreign exchange balancing requirement	外汇平衡要求
Free-rider	搭便车者
Free trade area	自由贸易区
~G~	
GATT 1947	《1947 年关税与贸易总协定》
GATT 1994	《1994 年关税与贸易总协定》
General Agreement On Trade in Services (GATS)	《服务贸易总协定》
General Agreement on Tariffs and Trade (GATT)	《关税与贸易总协定》

（续表）

General Council	总理事会
General exceptions	一般例外
Geographical indications	地理标识
Genetically Modified Organisms (GMOs)	转基因生物
Good offices	斡旋
Government procurement	政府采购
Green box measures	绿箱措施
Grey area measures	灰色区域措施
Generalized System of Preferences (GSP)	普遍优惠制（普惠制）
~H~	
Harmonized Commodity Description and Coding System (HS)	商品名称及编码协调制度（简称“协调制度”）
Havana Charter	《哈瓦那宪章》
Horizontal commitments	水平承诺
~I~	
Identical product	相同产品
Illustrative list	例示清单
Import deposits	进口押金
Import licensing	进口许可程序
Import substitution	进口替代
Import surcharge	进口附加税
Import variable duties	进口差价税
Industrial designs	工业设计
Infant industry	幼稚产业
Information Technology Agreement (ITA)	《信息技术协定》
Injunctions	禁令
Initial negotiating rights (INRs)	最初谈判权
Integration process	一体化进程

（续表）

Intellectual property rights (IPRs)	知识产权
International Labor Organization (ILO)	国际劳工组织
International Monetary Fund (IMF)	国际货币基金组织
International Office of Epizootics (OIE)	国际兽疫组织
International Organization for Standardization (ISO)	国际标准化组织
International Plant Protection Convention	《国际植物保护公约》
International Textile and Clothing Bureau (ITCB)	国际纺织品与服装局
International Trade Organization (ITO)	国际贸易组织
International Trade Centre (ITC)	国际贸易中心
~J~	
Judicial review	司法审查
Juridical person	法人
~L~	
Layout-designs (Topographies) of integrated circuits	集成电路外观设计（拓扑图）
Least-developed countries (LDCs)	最不发达国家
License fee	许可费
Like product	同类产品
Limited tendering	有限招标
Local content requirement	当地含量要求
Local equity requirement	当地股份要求
~M~	
Mad-COW disease	疯牛病
Maintenance of intellectual property rights	知识产权的维护
Maritime transport services	海运服务
Market access	市场准入
Marketing boards	销售局

（续表）

Market price support	市场价格支持
Mlarrakesh Agreement Establishing the World Trade Organization	《马拉喀什建立世界贸易组织协定》
Marrakesh Protocol	《马拉喀什议定书》
Material injury	实质损害
Mediation	调停
Minimum market access （MMA）	最低市场准入
Minimum values	最低限价
Most-favoured-nation treatment （MFN）	最惠国待遇
MFN exemptions	最惠国待遇例外
Ministerial conference	部长级会议
Modalities	模式
Modulation of quota clause	配额调整条款
Movement of natural persons	自然人流动
Multi-Fiber Arrangement （MFA）	《国际纺织品贸易协定》，又称《多种纤维协定》
Multilateral trade negotiations （MTNs）	多边贸易谈判
Multifunctionality	多功能性
Mutual recognition agreement	相互承认协定
~N~	
National treatment	国民待遇
Natural person	自然人
Negative standard	否定标准
Neighbouring rights	邻接权
New issues	新议题
Non-actionable subsidy	不可诉补贴
Non-automatic licensing	非自动许可程序
Non-discrimination	非歧视
Non-violation complaints	非违反之诉

（续表）

North American Free Trade Agreement (NAFTA)	《北美自由贸易协定》
Notification obligation	通知义务
Non-tariff measures (NTMs)	非关税措施
Non-trade concern	非贸易关切
Nullification or impairment	丧失或减损
~O~	
Offer	出价
Open tendering	公开招标
Orderly marketing arrangements (OMA)	有序销售安排
Organization for Economic Cooperation and Development (OECD)	经济合作与发展组织
Original member	创始成员
~P~	
Panel	专家组
Paris Convention	《巴黎公约》
Patents	专利
Peace clause	和平条款
Pest or disease-free area	病虫害非疫区
Pirated copyright goods	盗版货
Plurilateral agreement	诸边协定
Positive standard	肯定标准
Presence of natural person	自然人存在
Preshipment Inspection (PSI)	装运前检验
Price verification	价格核实
Price undertaking	价格承诺
Principal supplying interest	主要供应利益
Product mandating requirement	产品授权要求
Product-to-product method	产品对产品方法

（续表）

Production subsidy	生产补贴
Professional services	专业服务
Prohibited subsidy	禁止性补贴
Protocol of accession	加入议定书
Provisional application	临时适用
Prudential measures	审慎措施
~Q~	
Quads	四方（指美国、欧盟、日本和加拿大）
Quantitative restrictions	数量限制
Quantity trigger level	数量触发水平
~R~	
Reciprocity	对等/互惠
Recommendations	建议
Reference years	参考年份
Regional trade agreements	区域贸易协定
Request	要价
Responding Party	应诉方
Restrictive business practices	限制性商业惯例
Risk analysis	风险分析
Risk assessment	风险评估
Roll-back	逐步回退
Rome Convention	《罗马公约》
Round	回合
Royalty	使用费
Rules of origin	原产地规则
~S~	
Safeguards	保障措施

（续表）

Sanitary and phytosanitary（SPS）measures	卫生与植物卫生措施
Schedule of commitments	承诺表
Schedule of concessions	减让表
Sectoral negotiations	部门谈判
Security exceptions	安全例外
Selective tendering	选择性招标
Separate customs territory	单独关税区
Serious injury	严重损害
Serious prejudice	严重侵害
Simple average tariff	简单平均关税
Similar product	类似产品
Special and differential（S&D）treatment provisions	特殊与差别待遇条款
Special Drawing Rights（SDRs）	特别提款权
Special safeguard（SSG）measures	特殊保障措施
Specific commitments	具体承诺
Specific tariff	从量税
Specificity	专向性
Standardizing bodies	标准化组织
Standards	标准
Standstill	维持现状
State trading enterprises（STEs）Subsidy	国营贸易企业补贴
Substantial supplying interest	实质供应利益
Substantial transformation	实质改变
Suspend concessions	暂停减让
~T~	
Tariffs	关税
Tariff bindings	关税约束

（续表）

Tariff classification	税则归类
Tariff concessions	关税减让
Tariff equivalent	关税等值
Tariff escalation	关税升级
Tariff headings	税目
Tariffcation	关税化
Tariff line	税号
Tariff peaks	关税高峰
Tariff rate quotas/Tariff quotas（TRQ）	关税配额
Technical assistance	技术援助
Technical barriers to trade（TBT）	技术性贸易壁垒
Technical regulations	技术法规
Telecommunication services	电信服务
Terms of reference（TOR）	职权范围
Textile Monitoring Body（TMB）	纺织品监督机构
Textile Surveillance Body（TSB）	纺织品监督机构
Tokyo Round Codes	东京回合守则
Total AMS	综合支持总量
Trade-balancing requirement	贸易平衡要求
Trade facilitation	贸易便利化
Trade in civil aircraft	民用航空器贸易
Trade in goods	货物贸易
Trade in services	服务贸易
Trademarks	商标
Trade Policy Review Body（TPRB）	贸易政策审议机构
Trade Policy Review Mechanism（TPRM）	贸易政策审议机制
Trade-related intellectual property rights（TRIPS）	与贸易有关的知识产权

（续表）

Trade-related investment measures（TRIMs）	与贸易有关的投资措施
Trade remedies	贸易救济
Trade-weighted average tariff	贸易加权平均关税
Transaction value	成交价格
Transition economies	转型经济体
Transitional safeguard measures	过渡性保障措施
Transparency	透明度
Transport services	运输服务
Trigger price	触发价格
~U~	
Undisclosed information	未披露信息
United Nations Conference on Trade and Development（UNCTAD）	联合国贸易与发展会议
Uruguay Round	乌拉圭回合
~V~	
Variable duties	差价税
Value-added telecommunication services	增值电信服务
Voluntary export restraints（VERs）	自愿出口限制
~W~	
Waiver	豁免
Washington Treaty	《华盛顿条约》
Withdraw concessions	撤销减让
World Customs Organization（WCO）	世界海关组织
World Intellectual Property Organization（WIPO）	世界知识产权组织
World Trade Organization（WTO）	世界贸易组织
WTO Members	世界贸易组织成员
WTO Secretariat	世界贸易组织秘书处

后　记

加入世界贸易组织标志着中国对外开放进入新阶段。了解和掌握世界贸易组织基本知识，不仅是扩大对外开放和积极参与经济全球化的迫切要求，也是提高广大干部和从业人员素质，增强适应能力，推动我国经济在新世纪获得更大发展的客观需要。

近年来，随着我国加入世界贸易组织进程加快，人们学习有关世界贸易组织知识的热情明显提高。但相对于广大读者的学习热情，现有介绍世界贸易组织知识的书籍还远不能满足实际需要。尤其是缺乏一套针对广大干部和普通读者的，既全面准确又通俗易懂的世界贸易组织知识权威读本。对外贸易经济合作部作为我国加入世界贸易组织谈判的牵头单位，发挥一线优势，为广大干部和普通读者提供这样一本入门书，以应学习与培训工作之急需，是责无旁贷的。这是编写本书的初衷。

党中央、国务院领导非常重视本书的编写和出版工作。江泽民总书记亲笔题写书名。在领导同志的亲切关怀和指导下，外经贸部组织部内外多年从事世界贸易组织研究的专家学者，以及直接参与中国加入世界贸易组织谈判的部分同志，组成编写组。经过整整一年的努力，本书如期与读者见面。

本书对世界贸易组织的发展历史、基本原则、运行机制及主要协定进行系统而简明的介绍，力求内容深入浅出，文字明白通畅，使读者通过阅读本书，对世界贸易组织能有一个总体了解。

本书参考了世界贸易组织秘书处的大量文献资料。在统稿和修改过程中，参加修改的人员对涉及的世界贸易组织有关条款，逐条与原文进行了核对，对一些不明确、不清晰的地方，还向世界贸易组织秘书处的专家进行了咨询。

本书的文字叙述尽量避免复杂的英语直译句式，多用文法简单的短句，使文字表达更加符合我国读者的阅读习惯。本书初稿撰写体例、语言风格差异较大，在统稿和修改过程中，作了较大调整，使全书风格趋于统一。

外经贸部部长石广生同志亲自主持本书的编写和审定工作。外经贸部首席谈判代表龙永图和副部长张祥同志，对本书的编写提出很多具体意见。原副部长沈觉人同志负责组织制订本书框架及文稿修改工作。（以下按姓氏笔画排序）王子先、王世春、李成钢、李钢、杨国华、吴国华、陈文敬、张向晨、张丽萍、邹晓明、尚明、索必成、梁艳芬、鲁建华等同志参与了讨论、制订全书框架及初稿修改工作。汪尧田、唐玉峰等同志，也对本书框架提出了建议。于安、王世春、王延春、王磊、杨国华、李成钢、李钢、陈文敬、张向晨、张丽萍、尚明、赵宝庆、赵维田、胡盈之、胡景岩、索必成、夏友富、徐进亮、梁艳芬、程国强、傅兴国、焦佩斐、薛荣久等同志为本书提供了最初稿。外经贸部政策研究室和国际司，具体承担本书的统稿和最后修改工作。于培伟、王子先、刘日红、刘景嵩、李春生、严启发、吴频、张丽萍、邹晓明、徐清军、储士家、鲁建华、曾晨、廖建成、欧阳日辉、魏海源等同志对本书进行了统稿和最后修改。王玉霞、王雪坤、邓立、孙学昆、李文锋、李莉、李新明、宋刚、周岚、郑海燕、孟冬平等同志参与了本书部分章节的修改工作。在联合国贸易与发展会议工作的李仲周同志，对本书内容的准确性进行了认真审核，并提出了具体修改意见。我国驻日内瓦代表团经贸处的王晓东、杨静、徐惠筠等同志，为本书的修改工作提供了许多帮助。

本书是中国加入世界贸易组织知识读本系列丛书的第一本，其他几本将陆续出版。限于时间和水平，本书难免存在不足之处，欢迎广大读者批评指正。

本书编委会

2001 年 11 月

修订说明

本书于2011年9月修订，索必成组织对全书进行了修改，陈雨松、韩长天、邓德雄、谢理、王琛、陈剑等参与了此次工作，在此表示感谢。